新編諸子集成

孫臏兵法校理

張震澤 撰

中華書局

孫臏兵法校理　目録

下編

附録　銀雀山漢墓竹簡孫臏兵法原簡摹寫本

上編

下編

自序

一九七二年，山東臨沂銀雀山一號漢墓出土竹簡千九百餘枚，多爲兵書，中有孫武兵法、孫臏兵法、六韜、尉繚子等，特别是孫臏兵法失傳二千年復現於世，頗引起中外學術界注意。

一九七五年，銀雀山漢簡整理小組編定出版孫臏兵法原簡影印釋文注釋綫裝大字本及簡注平裝通行本兩書，理出眉目，粲然可讀，甚便學者。其年夏秋，余得見兩書，怡然愛之。次年因病休息，乃於藥餘，倚枕觀研，漸覺兩書排比爬梳，實有草創之功，而賸義詭説，尚多可補正，因有意重爲董理。及病愈，暇輒爲之，積數年之力，遂成此稿。凡關於此書之字、句、簡、篇及注釋，拙見所及者，不避繁瑣，悉論列之。學識譾陋，匪敢妄議，惟冀千慮一得，對此罕見之書之闡發，俾有涓滴貢獻而已。

孫臏兵法之重出，其重要價值在於解開長期以來存在之有關孫臏之若干疑問，而爲我國古兵家之研究提供了可靠史料。學者多已著文闡明此義。惟其在古文字學上之價值，似亦不可忽視，而余之此作，尚未及之也。

兵法之文，約爲孫臏弟子所述（其間似亦有孫臏自著），已爲學術界所公認；然竹簡之繕寫果當何時，意見尚不一致。愚以爲墓葬時在漢武（見發掘簡報，載文物一九七四年第二期），竹簡之繕寫當在高帝時，簡書本身可證。

漢初諸帝，高帝名邦，惠帝名盈，文帝名恒，景帝名啓，武帝名徹。簡文自惠帝以下，帝名皆不諱避。「盈」字見威王問附簡、陳忌問壘、積疏、奇正；「恒」字見篡卒、將德；「啓」字全書未用，亦無「開」字；「徹」字作「勶」，見勢備、善者；簡非書於惠、文、景、武各朝，明矣。簡文惟稱「國」不稱「邦」，見威王「夷有二，中國四」，威王問「則安國之道也」，陳忌問壘「國故長久」，八陣「安萬乘國」，延氣「國人家爲」，官一「襲國邑以水」，强兵「富國」，略甲「以國章」，兵失「欲以敵國之民」，凡九篇俱有「國」字，僅陳忌問壘附簡有「子言晉邦之將」一語有「邦」字，蓋諱而偶漏者也。由此可見，僅高帝爲諱，其下諸帝皆不諱，則簡之寫成必在高帝在位十餘年中。以與湖北雲夢睡虎地始皇時秦簡比較，相去纔二十餘年耳。

假如説秦簡在我國古文字由篆到隸之發展史上補一空白，則此初漢簡書是繼秦之後又一發展。余爲此書，尚未涉及此一問題。但曾别録二孫字譜一卷（「二孫」謂竹簡本孫子兵法、孫臏兵法），行有餘力，當擴及牘書帛書，勉爲之説，敬就教於耆學專家也。信筆至此，離題已遠。切盼批評，是爲序。

一九八二年二月二十五日　張震澤寫於遼寧大學，時年七十一。

孫臏兵法校理

例　言

一、本書以文物出版社原簡影印孫臏兵法釋文注釋綫裝大字本爲底本進行校理，善者採之，疑者正之，缺者補之，間出己見，立説務求有據。

二、文物出版社本孫臏兵法，共三十篇，分爲上下兩編。上編十五篇，各記「孫子曰」或「威王曰」，可稱爲「孫臏兵法」；下編十五篇，無此等字樣，似非孫臏之書，而應别題書名，作爲附編；又上下兩編篇次先後，亦似有不準確處；現因原書已經通行，又缺乏旁證，本書不復予以變動，體例悉從原書。

三、著者未見原簡，本書正文即依影本，審視文字，根據文意，互相校勘。每篇之後附以簡短説明，略述本篇殘存情況，簡文、簡次、斷簡綴合之調整變動及有關問題。

四、原簡爲早期隸書，今釋以繁體楷書，並加標點符號，各行依原篇格式分列，原有之點誌句逗亦皆保存，以見原貌。書後附原簡摹本，以資參考。

五、原書各簡編號本據出土先後爲次，不便稱説。兹校勘排比後，重爲編號，各篇自爲次序。編號是標誌每簡文字起訖，便於檢閱。

六、原簡有篇題者，或佔一簡，或寫在本篇第一簡簡背，或寫在篇後，似此者，本書一律用原題。其篇題已佚者，則用影本擬定之題，加方括號以别之。

七、簡文有殘缺，字數不明者，以方括弧注明「上缺」或「下缺」；字數可知者，以同樣數目之方框表示之。古字今不通行者，以圓括弧注明今字，寫在古字之下；有須解釋者，則入注釋。

八、影本注釋，有草創之功，偶有漏誤，亦所難免。本書在此基礎上重作校理，自當擇善而從。拙見有異者，亦先列原注，然後説明理由。文繁，注釋不能容納者，則别爲小考附於後方。

九、注釋，凡引原注，皆曰「影本注釋」，若下己意，則曰「今按」，以爲區别。

十、本書蒙上海顧廷龍先生校閲部分並爲題耑，又蒙中華書局編輯孫通海同志提出寶貴意見，協助出版。在此謹表謝忱。

孫臏兵法校理　上編

擒龐涓

禽（擒）龐涓①

昔者，梁君將攻邯鄲②，使將軍龐涓帶甲八萬至於茬丘③。齊君聞之，使將軍忌子帶甲八萬④至〔一〕

〔上缺〕競⑤。龐子攻衛，取叩頃⑥。將軍忌〔下缺〕〔二〕

〔上缺〕衛叩頃，救與〔三〕

曰：「若不救衛，將何爲？」孫子曰：「請南攻平陵⑦。平陵，其城小而縣大，人衆甲兵盛，東陽戰邑⑧，難攻也，吾將示之疑。〔四〕

吾攻平陵，南有宋，北有衛⑨，當涂（途）有市丘⑩，是吾糧涂（途）絶也，吾將示之不智

事⑪。」於是徙舍而走平陵⑫。（五）

□□陵，忌子召孫子而問曰：「事將何爲？」孫子曰：「都大夫孰爲不識事⑬？」曰：「齊城、高唐⑭。」孫子曰：「請取所（六）

□□□□□□□□□二夫＝⑮合以□□□□□吸都横卷⑯，四達環涂（途）⑰，□横卷所□陳也，（七）

環涂（途）輮甲之所處也⑱。吾末甲勁，本甲不斷⑲，環涂（途）毄（擊）柀其後⑳，二大夫可殺也㉑。」於是段齊城、高唐爲（八）

兩，直將蟻傅平陵㉒，挾茁環涂（途），夾毄（擊）其後㉓，齊城、高唐當術而大敗㉔。將軍忌子召孫子問曰：「吾攻（九）

平陵不得，而亡齊城、高唐，當術而厥㉕，事將何爲？」孫子曰：「請遣輕車㉖西馳梁郊，以怒其氣，分卒而（一〇）

從之，示之寡㉗！」於是爲之。龐子果棄其輜重，兼取舍而至㉘。孫子弗息而毄（擊）之桂陵㉙，而禽（擒）龐涓，故（一一）

曰，孫子之所以爲者盡矣。　四百六　（一二）

〔上缺〕子曰：吾〔下缺〕

〔上缺〕孫子曰：毋侍三日〔下缺〕

右擒龐涓篇，全文十二簡，附録殘簡二段，篇題「禽龐涓」三字在第一簡簡背。篇中完整者十簡，此十簡，連缺文之可計字數者，共計三百三十四字，第二第三兩簡殘斷，若以每簡原有三十六字計，則此兩簡當爲七十二字；與上數相加，合共四百零六字，正符原篇後總計「四百六」之數，可知全篇現存簡數不缺。惟第二第三兩簡，殘斷太甚，文字銜接不準。第三簡下端「救與」下，細看並無缺文，當是簡之下端，而文辭又與第四簡不連。此簡似應與第二簡互倒，即第三簡應排在第二簡之前，第二簡應在第三簡之後。又，附録之兩枚殘簡僅存「子曰吾」及「孫子曰毋侍三日」數字，書法格式與全篇同，可能就是第二第三兩簡中的殘段。缺乏確據，疑未能定，故今排列仍依影本次序，只是重新編了序號。

本篇以故事體裁敘述齊魏桂陵之戰，闡明孫臏戰略思想，然非孫臏所親著。本文開首言「昔者」，結尾「故曰」云云可證。本書之文他篇似有孫臏自著者，本篇則當出於其門人弟子之手。

戰國時有孫臏和龐涓參加之齊魏大戰凡兩次，即公元前三五三年桂陵之戰和公元前三四一年馬陵之戰。是篇乃記桂陵之戰，另一篇陳忌問壘述及馬陵之戰。桂陵之戰，史記有記載，田敬仲完世家云：「（齊威王）二十六年，魏惠王圍邯鄲，趙求救於齊。齊威王召大臣而謀曰：『救趙孰與勿救？』騶忌子曰：『不如勿救。』段干朋（齋策作段干綸）曰：『不救則不義，且不利。』威王曰：『何也？』對曰：

『夫魏氏并邯鄲，其於齊何利哉？且夫救趙而軍其郊，是趙不伐而魏全也。故不如南攻襄陵以弊魏，邯鄲拔而乘魏之弊。』威王從其計。……使田忌南攻襄陵。十月，邯鄲拔，齊因起兵擊魏，大敗之桂陵。」此外，魏世家、趙世家亦記此事，但較簡略。孫子列傳則謂：「魏伐趙，趙急，請救於齊。齊威王欲將孫臏，臏辭謝曰：『刑餘之人，不可。』於是乃以田忌爲將，而孫子爲師，居輜車中，坐爲計謀。田忌欲引兵之趙，孫子曰：『夫解雜亂紛糾者不控捲，救鬬者不搏撠，批亢擣虚，形格勢禁，則自爲解耳。今梁趙相攻，輕兵鋭卒必竭於外，老弱罷（疲）於内，君不若引兵疾走大梁，據其街路，衝其方虚，彼必釋趙而自救，是我一舉解趙之圍而收弊於魏也。』田忌從之。魏果去邯鄲，與齊戰於桂陵，大破梁軍。」

以上史記各篇及本篇所記，互有異同，人或疑之。余謂此乃記事角度不同，故各爲詳略耳。世家重在初謀，列傳重在説理，本篇所記則爲具體作戰，三者本記一事，並無矛盾；所以惑人者在於「襄陵」及「禽」二語而已。實則襄陵即平陵，禽字有别義，明乎二者，則涣然冰釋矣。請詳注釋及考證（見下文）。

本篇之史料價值：一、補史事之缺漏，如桂陵之戰，齊有齊城高唐二大夫，魏有横卷之兵，及孫臏作戰之具體步驟，此皆史記所未記。二、孫臏攻難攻之邑，行糧絶之途，然後輕車寡卒，西馳梁郊，此種細節描寫，不但表明孫子示疑於敵，調動敵人，乘其方虚，擊其必救的軍事才能，亦足見其在孫武子的「攻其無備，出其不意」（孫子計篇）的思想基礎上有如何的發展。

【注釋】

①禽（擒）龐涓　按禽即擒字，甲骨作[illegible]，先秦書皆作禽，擒爲後起字。本篇敍孫臏擒龐涓事，故以

「禽龐涓」爲題。據本書，龐涓於桂陵之役被擒，於馬陵之役被殺，（本書陳忌問壘篇言：「取龐子。」史記田敬仲完世家言：「殺其將龐涓。」）既已被擒，何以於十餘年後又爲魏之主將而見殺於馬陵？人或疑諸書記載不實。今按，本篇既爲孫臏弟子所傳，桂陵擒龐，當不致有誤，後人致疑，蓋由於對禽（擒）字之誤解。禽（擒）本有二義：左傳襄公二十四年「收禽挾囚」，杜注：「獲也。」此是第一義，哀公二十三年：「知伯親禽顔庚。」即用此義。淮南子兵略：「吴王夫差西遇晉公，禽之黄池。」高注：「禽之，服晉也。」吴王爲黄池之會，實未俘擄晉公，此禽字是制服之義，此爲第二義。韓非子存韓「勁韓以威禽」；戰國策秦策三「大夫種率四方士上下之力以禽勁吴」；鹽鐵論結合「秦南禽勁越」；西域「吴越迫於江海，三川循環之，處於五湖之間，地相迫，壤相次，其勢易相禽也」，此皆用第二義。龐涓之禽，當同此義。人多習第一義而忽第二義，遂生疑。

②昔者，梁君將攻邯鄲　影本注釋：「梁君，指魏惠王（公元前三六九年至公元前三一九年在位）。魏國在惠王時遷都大梁（今河南開封），故魏又稱梁。邯鄲，趙國國都（在今河北邯鄲）。史記魏世家：『（惠王）十七年（公元三五四年，據竹書紀年推算，此年當爲惠王十六年。）……圍趙邯鄲。』」今按，魏原都安邑（在今山西夏縣北），惠王遷大梁（今河南開封）。梁字，原簡米旁，長沙馬王堆漢墓帛書戰國縱横家書亦作米旁梁。

③茬丘　影本注釋：「茬丘，地名，其地未詳。」今按漢書地理志，東郡有茬平縣。地在今山東茬平西。茬音池（chí），今寫作茌。這一帶多以茌爲地名，例如長清縣有山茌區。茬丘可能在今茌平境内，此地西距邯鄲約二百里，西南距衛都濮陽約二百里，南距魏都大梁約四百餘里，戰國時是齊趙交

界之地。下文齊敗魏於桂陵，桂陵在今山東菏澤縣（詳下注），又在茬丘南二百里。黄盛璋同志作禽龐涓篇釋地（見文物一九七七年三期），謂茬沮音近，茬丘即水經瓠子河注濮城西南十五里之沮丘城。今按此説不確。下文龐涓所攻是衛之某邑（簡文適缺），並未進至衛都濮陽，不會接近十五里之沮丘；且茬字从艸在聲，水經謂茬、時音近；而沮字，水經明言「六國時沮楚同音」。二字在六國時音類懸隔，不得以沮爲茬也。

④齊君聞之，使將軍忌子帶甲八萬　影本注釋：「齊君，指齊威王（公元前三五六年至公元前三二○年在位）。忌子，即田忌。」今按，田忌，陳忌問壘篇作陳忌。陳田二字古音同。齊陳、田、孫三姓屬同一始祖，新唐書宰相世系表云：「田桓四世孫桓子無宇，無宇二子：恒、書。書字子占，齊大夫，伐莒有功，景公賜姓孫氏。」考左傳昭公十九年稱田書爲孫書，哀公十一年又稱陳書，一人三姓，可知田忌、孫臏本同宗族。帶甲，束帶擐甲，指甲士。

⑤競　影本釋競爲境。今按，本書五名五恭篇「入競而恭」，亦借競爲境。尉繚子攻權：「故凡集兵，千里者旬日，百里者一日，必集敵境。卒聚將至，深入其地。」是境乃指敵境。此處簡文上缺，不知指梁境抑趙境也。

⑥龐子攻衛，取叩⿰口頁　影本注釋：「衛，國名，原建都朝歌（今河南淇縣），春秋時遷都帝丘（今河南濮陽）。」又云：「此簡『衛』字下第二字殘存右半『邑』旁，第三字殘存右半『頁』旁，與下簡『衛』字下兩字殘存部分相合，疑爲同字，或即龐涓所攻衛之地名。」今按，原簡衛字下缺三字，各存殘畫，第一字似取字，第二第三兩字誠當爲地名，但無考。

⑦請南攻平陵　平陵，影本注釋以爲就是襄陵，又據史記田敬仲完世家正義及魏世家集解，謂襄陵在劉宋南平陽縣，即唐兗州鄒縣，今山東鄒縣，地有平陽之稱，因疑平陵即平陽之異名。今按，此説平陵即襄陵，是也；説襄陵在今山東鄒縣，則非也。余謂平陵即襄陵，在今河南睢縣，詳平陵考（附本篇後）。

⑧東陽戰邑　影本注釋：「東陽當爲地區之名。春秋戰國以東陽爲名之地頗多，簡文所謂東陽疑是魏國東鄙地區名。」今按，此説是也。春秋戰國時，齊、魯、趙、衛、魏，皆有東陽。東陽猶言東方，後來有的成爲專名。魏之東陽，仍爲地區之稱，非指一城一邑。新序雜事載：魏文侯時，「東陽上計，錢布十倍，大夫畢賀」。魏文侯公元前四四五年至公元前三九六年在位，前於桂陵之戰五六十年，其時魏已有東陽之地。又按，長沙馬王堆漢墓帛書戰國縱横家書第二十六篇：「梁之東地，尚方五百餘里而與梁，千丈之城，萬家之邑，大縣十七，小縣有市者卅有餘。」此文中之「東地」，即東陽，有城邑大小四十餘，平陵亦在其中，故曰「東陽戰邑」。

⑨吾攻平陵，南有宋，北有衛　據前注，平陵在東陽，而東陽城邑甚多，此蓋指魏之平陵南有宋地（如承匡），北有衛地（如襄牛），宋、衛非指宋都衛都也。當時宋、衛皆爲齊之與國。古代運輸困難，兵入敵境，往往就地取給，掠敵爲糧，本書下編五名五恭：「入競（境）而共（恭）……軍无食。」即指此事。此句蓋謂：平陵南北是與國之地，不便取糧，故下文言：「是吾糧涂（途）絶也。」

⑩當涂（途）有市丘　影本注釋：「市丘之確切地點無考。」引呂氏春秋應言「市丘之鼎以烹雞」，高注：「市丘，魏邑也。」又引戰國策韓策一：「魏順謂市丘君曰：『五國罷，必攻市丘以償軍費。』」斷

云：「由以上材料看，市丘似爲魏之附庸小國。」今按，簡文實作帀丘，非市丘，影本釋文及注釋均植誤。帀，亦作市，音同福。史記秦始皇本紀：「於是遣徐市發童男女數千人入海求仙人。」正義作「徐福」。福、富音同互訓，水經濟水注引竹書紀年：「梁惠成王十六年，邯鄲伐衛，取漆、富丘，城之。」梁惠成王十六年，即桂陵戰役之年，此富丘應即市丘（帀丘），乃衛國地。

⑪吾將示之不智事　按，古書知、智二字通用，荀子修身：「是是非非謂之知。」知，即智。周禮大司徒「知（智）義中和」，注：「知（智），明於事。」簡文「不智事」即謂不明於是非之事，不智，是事的定語，不智事猶言胡涂事。

⑫於是徙舍而走平陵　影本注釋：「徙舍，拔營。國語吴語：『明日徙舍，至於禦兒。』」今按，古行軍日行三十里止宿曰舍，拔營前進曰徙舍。

⑬都大夫孰爲不識事　影本注釋：「都大夫，治理都的長官。古稱大城邑爲都，……戰國時各國多行郡縣制，但齊國仍用都的名稱。簡文所說的都大夫，似指率領自己都邑的軍隊跟從田忌參加戰爭的都大夫。」今按戰國時各國多行郡縣制，邊地之邑爲郡，郡之長官稱守；腹地之邑爲縣，縣之長官稱令。齊國不設郡，其縣邑仍用舊稱爲都，其長官稱都大夫。管子輕重丁有齊城陽大夫，孟子梁惠王有蓋大夫，公孫丑有平陸大夫，史記田敬仲完世家有即墨大夫、阿大夫，孔子弟子列傳有臨菑大夫，此皆齊之都大夫也。各都設有常備兵，即所謂「技擊」，亦稱「持戟之士」。作戰時，都大夫即作爲率領本都軍隊的軍事長官，故孟子公孫丑下孟子問齊平陸大夫曰：「子之持戟之士，一日而三失伍，則去之否乎？」」不識事，即上文之「不智事」，説文：「識，一曰知也。」識、知二字古通，知、智二字

古亦通用。識，即智也。「孰爲不識事」，直譯當爲「誰去做這件不智之事？」「爲」下也許脱「此」字。

⑭齊城、高唐　即齊城大夫和高唐大夫之省稱。關於齊城，影本注釋云：「傳世的齊國兵器有齊城戈，即齊城所造之器。史記項羽本紀正義引括地志：『青州臨菑縣地即古臨菑地也，一名齊城。』簡文及戈銘之齊城，可能即指臨菑。」今按，菑，今通作淄，臨菑即今山東臨淄縣。漢書地理志齊郡臨淄下，王先謙補注：「城對天齊淵，故城有齊城之稱。」引一統志：「故城在今臨淄縣北八里古城店，亦曰齊城。」史記孔子弟子列傳有臨菑大夫，官隨地名，可能就是齊城大夫。高唐，影本注釋云：「故城在今山東禹城高唐之間。史記田敬仲完世家：『威王曰……吾臣有盼子者，使守高唐，則趙人不敢東漁於河。』（索隱：『盼子，田盼也。』）」今按，據此可知當時高唐大夫是田盼。至於齊城大夫是誰？無考。

⑮二夫＝　原簡夫字下有合文符號，讀爲「大夫」，因夫字包含大字。先秦習慣如此，如秦刻石「御史大夫」皆就「夫」字加合文符號讀爲「大夫」。簡文二大夫，應指齊城、高唐二大夫。此簡朽壞嚴重，致上下文不能連屬。細玩文意，自此至「二大夫可殺也」一段文字，應是龐涓之語，缺文中當有「龐涓聞之曰」一類字樣。必須如此理解，上下文始能讀通。否則，如以爲孫臏之語，則下文「二大夫可殺也」，乃孫臏謂自殺其大夫，豈有大戰未啓，勝負未分，而先謀作如此重大犧牲者乎？此理之不可通者也。且「吾末甲勁，本甲不斷」，亦與下面「齊城高唐當術而大敗」語不符合矣。詳下文注。

⑯吸都橫卷　影本注釋云：「（缺文）似投字或扱字。」今審原簡，缺文殘存右旁似皮字，此字當是被，借爲彼。橫卷，影本無注。今按，橫、卷是二邑名，上冠都字，甚明。橫，借爲黃，戰國魏有黃邑，也有卷（音圈）邑。邑與都，古多通稱，清閻若璩釋地續：「都與邑……其實古多通稱，如『商邑翼

翼，四方之極』，『即伐崇作邑于豐』，此都稱邑之明徵也。『趙良曰：君何不歸十五都』，『孟子曰：王之爲都者』，此邑稱都之明徵也。」釋地又云：「向謂都與邑可通稱，今不若直以曲沃證，莊二十八年：『宗邑無主』，閔元年：『分之都城』；更證以費，昭十三年：『誰與居邑』，定十二年：『將墮三都』，是非爾雅『宮謂之室，室謂之宮』一例乎？」由此可知魏之黄邑、卷邑皆可稱都，故簡文云「彼都黄卷」。魏黄邑見於記載者，戰國策魏策一：「大王之地……東有淮、潁、沂、黄、煑棗、海鹽、無疎。」馬王堆帛書戰國縱横家書第二十六章：「必不能掊梁、黄、濟陽、陶、睢陽，而攻單父。」史記蘇秦列傳蘇秦説燕王曰：「決白馬之口，則魏無外黄、濟陽。」此「外黄」，水經河水注引無外字，史記正義謂即黄城，云：「故黄城在曹州考城縣東二十四里。」魏另有外黄，與此黄城鄰近，漢書地理志陳留郡外黄，師古注：「左氏傳云：惠公敗宋師於黄，杜預以爲外黄縣，東有黄城，即此地也。」可知以上所言黄邑，後稱黄城，地在今河南蘭考縣舊考城東。魏復有另一黄城，史記趙世家：「肅侯八年，拔魏黄城。」此黄城在今河南北部内黄縣西北，春秋時屬晉，後屬魏，與簡文之黄，非一地。魏之卷邑，亦見戰國策魏策一，蘇子説魏王曰：「大王之地……北有河外、卷、衍、燕、酸棗。」又云：「大王不事秦，秦下兵攻河外，拔卷、衍、燕、酸棗，劫衛取晉陽，則趙不南。」（又見史記蘇秦列傳）史記秦本紀：「客卿胡傷攻魏卷、蔡陽、長社，取之。」正義：「卷，在鄭州原武縣北七里。」即今河南原陽縣舊原武西北。以地理形勢觀之，卷邑在魏都大梁西北，黄邑在大梁東北，各距大梁百里，相爲犄角，都是大梁外圍的重鎮。斯時龐涓本軍在衞（簡文：「龐子攻衞。」），黄、卷之軍，正是「末甲」，與下文「吾末甲勁，本甲不斷」語相合。可見「吾本甲」之「吾」字，必是龐涓自吾，而非孫臏語也。

附：齊魏桂陵之戰示意圖

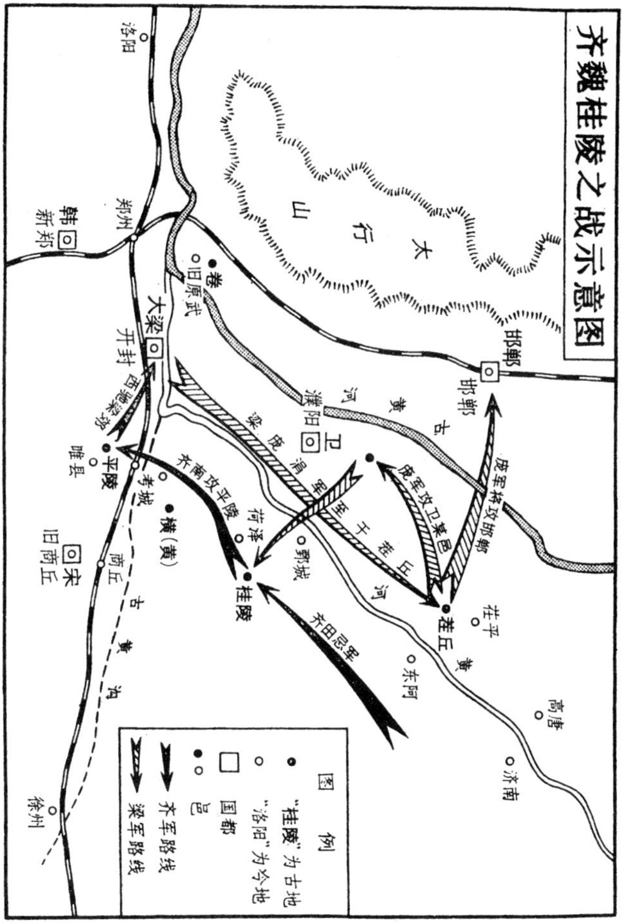
齐魏桂陵之战示意图
太行山
邯郸
卫
濮阳
大梁
开封
桂陵
茬丘
平陵
睢县
宋
旧商丘
韩
新郑
郑州
洛阳
卷
旧原武
荷泽
鄄城
茌平
东阿
高唐
济南
徐州
古黄河
齐田忌军
齐南攻平陵
梁庞涓军至于茬丘
庞军攻卫茅邑
图例
"桂陵"为古地
"洛阳"为今地
国都
邑
齐军路线
梁军路线

⑰四達環涂（途）　影本注釋：「環涂，下文屢見，似爲魏軍駐地或將領之名。呂氏春秋自知『鑽荼、龐涓、太子申不自知而死』，高注：『鑽荼、龐涓，魏惠王之將。』環、鑽二字音近，環涂可能即鑽荼。一説環涂當讀爲環途，迂迴之意。」今按此説非是。環涂即環途，古道路之稱。考工記匠人：「匠人營國……國中九經九緯。」又云：「經涂九軌，環涂七軌，野涂五軌。」鄭玄注云：「國中，城内。經緯，謂涂也。經緯之涂皆容方九軌。軌謂轍廣。」故經緯是城内縱横大道，寬容九車並行；環涂是環城大道，寬容七車；野涂是野外大道，寬容五車。據賈公彦疏，距國都二百里内爲環涂，二百里外爲野涂，此古代道路制度也。魏之黄、卷兩邑，皆在魏都大梁二百里内，故知「四達環涂」即黄、卷大道通向大梁者；並可知此語確爲龐涓語無疑。

⑱□横卷所□陳也，環涂（途）䡙甲之所處也　横字上缺文，影本注釋云：「此字似从衣从隹。」陳字上缺文，未釋。釋䡙字云：「疑當讀爲彼此之彼。一説，䡙當讀爲被；被甲，指兵士。」今按从衣从隹之字，不能確識，疑即从心旁之惟字，思也。陳，即今陣字。陳上缺文尚殘存右半，似是遺字。䡙字，字書未見，疑爲兵車之名。兵車，亦曰革車，孫子作戰：「凡用兵之法，馳車千駟，革車千乘。」兵車以皮革鞔輿，故曰革車。此字从車从皮，蓋會意字。此二語意爲：復思黄、卷兩城可遣軍作陣，環途寬廣四達，爲兵車甲士所宜處。

⑲吾末甲勁，本甲不斷　影本注釋：「末甲似指前鋒部隊，本甲似指後續部隊。」今按本末亦見本書十陣篇，言錐行之陣「末必閲（鋭），刃必溥，本必鳰（鴻）。」此文蓋以軍陣爲喻，龐涓回師來救，黄、卷之軍當前，故曰末甲，龐涓本軍在後，故曰本甲。影本注釋未明。

⑳環涂（途）毄（擊）柀其後　毄，即擊字。柀，影本注釋：「疑當讀爲破。」今按雲夢睡虎地秦墓竹簡秦律，凡五、六處用柀字，該書整理小組或釋爲「分散」，或釋爲「部分」，或釋爲「免除」，或釋爲「分別」。余謂此字當讀爲披，簡文手旁字往往作木旁，如接作椄是。説文：「柀，一曰析也。」左傳昭公五年「又披其邑」，注：「析也。」成公十八年「而披其地」，注：「猶分也。」此字當音匹（上聲），現代或寫作劈，或寫作批，或讀上聲，或讀陰平，義皆爲分。此文言吾本甲末甲遥相呼應，而末甲勁强，由環途擊其後，以劈分敵軍力量，正與下文「於是段齊城、高唐爲兩」之段字相應。

㉑二大夫可殺也　影本注釋：「孫臏之意似欲犧牲『不識事』之二大夫，使魏軍産生齊軍軟弱無能之錯覺。」今按此説之誤甚明，未戰而先擬殺己將，毁己軍，愚者弗爲。自此以上必爲龐涓語，謂魏黄、卷之兵足以殺齊二大夫耳。

㉒於是段齊城、高唐爲兩，直將蟻傅平陵　影本注釋：「段，疑當讀爲斷。意謂將齊城、高唐二大夫帶領的軍隊分成兩部。」又注：「蟻傅，同蟻附，指攻城。孫子謀攻：『攻城之法爲不得已……將不勝其忿而蟻附之，殺士三分之一而城不拔者，此攻之災也。』」今按蟻傅，孫子謀攻作蟻附，墨子備蛾傅作蛾傅，蛾同蟻，傅同附也。曹操孫子注：「將忿不待攻城器，而使士卒緣城而上，如蟻之緣牆，殺傷士卒也。」此二句主語自應是龐涓，句意正形容其忿急而無謀，犯了攻災之忌。段，説文：「椎物也。」引伸爲段擊，後與斷通用。

㉓挾苣環涂（途），夾毄（擊）其後　影本注釋：「挾苣，疑亦魏軍駐地或將領之名。苣字當爲葉之異體。一説挾苣當讀爲浹渫，連續、周洽之意。」今按苣字亦見馬王堆帛書戰國縱横家書，其第二十一

篇云：「今增〔句〕注，𦬁恒山而守，三百里過燕陽、曲逆。」此蘇厲説趙惠王之語，今本戰國策趙策一作「今魯句注，禁常山而守，三百里通於燕之唐、曲吾。」魯乃曾之誤，曾即增字；禁是枼之誤，枼亦作枻，即簡文𦬁字。史記趙世家改爲「踰句注，斬常山而守之，三百里而通於燕。」斬，亦當是抴之誤。荀子非相：「君子之度己則以繩，接人則用抴。」抴，本或作枻，楊注：「牽引也。」然則「增句注，𦬁恒山（常山）」句意是增壘句注，直引到恒山。挾，見詩大明：「使不挾四方。」毛傳：「達也。」則挾𦬁乃連續通達之意，影本注釋一説近是。

㉔當術而大敗　影本注釋：「術，道路。意謂齊城、高唐二大夫的軍隊在行軍道路上大敗。」今按漢書刑法志「園圃術路」，注：「大道也。」當術而敗，蓋言未圓陣而敗也。

㉕當術而厥　厥，影本釋蹶，是。廣雅釋詁三：「蹶，敗也。」史記孫子吴起列傳「蹶上將軍」，索隱：「猶斃也。」

㉖請遣輕車　影本注釋：「輕車，輕便的戰車。戰國策齊策一：『使輕車鋭騎衝雍門。』此句意謂派遣輕車向西直趨魏都大梁城郊。」今按孫子作戰：「凡戰之法，馳車千駟，革車千乘。」曹操注：「馳車，輕車也。革車，重車也。」張預注：「馳車，即攻車也。革車，即守車也。」

㉗分卒而從之，示之寡　影本注釋：「從，就也。意謂分散部隊以就敵，使對方覺得齊軍兵力單薄。」今按，説文：「從，隨行也。」此言分散兵卒以從輕車，示之寡以誘敵來追；若言分卒就敵，將自取敗亡，恐無是理。

㉘兼取舍而至　影本注釋：「取舍，似當讀爲趣舍。趣，趨。舍，止。兼趣舍，急行軍，晝夜不停。司

馬法用衆『兼舍環龜』，北堂書鈔卷一一八引此文有注曰：『兼舍者，晝夜行也。』」今按，取，仍當讀本字，如今言取道某地之取。古人行軍，一日三十里爲一舍；兼取舍，謂晝夜兼程一日兼行兩舍也。

㉙桂陵　影本注釋：「桂陵，在今山東菏澤。」今按，桂陵所在，過去有三説：（一）菏澤説，史記趙世家「齊亦敗魏於桂陵」，正義引括地志云：「故桂城，在曹州乘氏縣東北二十一里。故老云：此即桂陵也。」（田敬仲完世家正義同）乘氏，後爲菏澤縣，故清一統志云：「桂陵故城在菏澤東北二十一里。」據山東菏澤縣古遺址調查（考古通訊，一九五八年三期），城東北十華里趙樓村北一千米有蘆堌堆，相傳爲魯山，戰國時桂陵城在此地附近。（二）曹縣説，讀史方輿紀要卷三十三曹州曹縣下云：「桂陵城，縣西北五十里，本齊邑。史記齊威王二十六年以田忌爲將，大敗梁軍於桂陵。其後秦穰侯葬此，世謂安平陵，亦曰安陵鎮。」（三）長垣説，水經濟水注：「濮渠之側有漆城……又有桂城，竹書紀年：梁惠成王十七年，齊田期（忌）伐我東鄙，戰於桂陽，我師敗逋。亦曰桂陵。案史記，齊威王使田忌擊魏，敗之桂陵，齊於是强，自稱爲王，以令天下。」一九七六年黄盛璋同志曾往長垣調查，云：桂城或桂陵之稱早已不存，志書没有記載，但根據濮水逕流及其四周有關城邑，可以明確在匡莊（匡城）東北當長垣（蒲城）西南的魯山堌堆附近。（禽龐涓篇釋地，文物一九七七年二期）以上三説，曹縣説前人已非之（見圖書集成職方典）。菏澤説最爲通行。長垣説，黄盛璋主之，並謂龐涓「不管是救魏都大梁或平陵，怎麽也走不到乘氏或今菏澤一帶」。今按，簡文龐涓攻邯鄲，至茬丘，取衛之某地。茬丘在衛都濮陽之北，衛之某地當在其附近。孫臏駐軍何地，簡文未明，但南攻平陵，則必在平陵之北；而西馳梁郊，又必在大梁之東；最後邀擊龐涓於桂陵，乃以逸待勞，桂陵或其附近當爲孫

臏原駐之地，菏澤説正與此合。龐涓由衛北部回師救梁，適經此地。後十三年馬陵之戰，魏兵出外黄，亦沿此路綫。

附：平陵考

孫臏南攻平陵，平陵在今何地，頗有異説。考平陵見於古籍記載者有三：

（一）趙平陵。左傳昭公二十八年：「（晉）魏獻子爲政，分祁氏之田以爲七縣，……司馬烏爲平陵大夫。」此地原爲晉地，戰國屬趙。漢書地理志作大陵，屬太原郡。補注引吴卓信曰：「司馬烏爲平陵大夫，疑即此，趙改之。」趙肅侯、武靈王俱游大陵，見史記趙世家。清一統志：「故城今文水縣東北二十五里。」即今山西文水縣。

（二）齊平陵。説苑貴德：「（齊）桓公之平陵，見家人有年老而自養者。」此平陵，春秋爲譚國，齊滅之，名曰平陵，後改東平陵，漢書地理志爲濟南郡治所。故城在今山東歷城縣東，屬章丘。

此二平陵，地處遥遠，皆與桂陵之戰無關。

（三）宋平陵。見於馬王堆漢墓帛書戰國縱横家書。其第十二篇蘇秦説齊湣王曰：「韋非（人名）以梁王之命欲以平陵蛇（貤）薛（指孟嘗君田文），以陶封君（指奉陽君李兑）。平陵唯城而已，其鄙已盡入梁氏矣。」第十四篇云：「王（齊湣王）又欲得兵以攻平陵，是害攻秦也。天下之兵皆去秦而與齊諍（争）宋地，此其爲□（禍）不難矣。」此明言平陵城屬宋，而其鄙已爲魏所有。

今本戰國策齊策四蘇秦説齊湣王：「王以其間舉宋。夫有宋，則衛之陽城危；有淮北，則楚之東國危；有濟西，則趙之河東危；有陰、平陸，則梁門不啓。」文中所謂宋，指宋都商丘；淮北、濟西、陰、平陸，皆宋地。淮北爲宋之南境及東境，濟西爲宋之北境，陰、平陸爲宋之西境。陰，即濟陰，與陶爲一地。史記田敬仲完世家作陶，戰國縱横家書有時作陰，有時作陶，陰陶互用。漢書地理志濟陰郡治定陶，定陶即戰國之陶，秦爲定陶縣。平陸，顯爲平陵之誤，齊國自有平陸，爲五都之一，故城在今山東汶上縣北，非宋所有也。

上舉戰國縱横家書及戰國策蘇秦説齊湣王之三段文章，出於蘇秦分别於公元前二八六年、二八七年、二八八年上齊湣王書（參看馬雍帛書戰國縱横家書各篇年代和歷史背景，附文物出版社一九七六年版戰國縱横家書後），時去公元前三五三年桂陵之戰已六十六七年。是桂陵戰後六十餘年，平陵猶屬宋，而大部分疆土盡歸魏氏。觀蘇秦所述之平陵，乃一戰略要地，其位置與陶（今定陶）相鄰，「梁門不啓」一語更表明其逼近大梁之東。此皆與擒龐涓篇所言「城小而縣大」、「東陽戰邑」、「西馳梁郊」之平陵完全吻合。

然而，「南攻平陵」，其他古籍多作「襄陵」，如戰國策齊策一及史記田敬仲完世家並作「南攻襄陵」，魏世家作「圍我襄陵」，竹書紀年亦言「圍我襄陵」。諸書又表明襄陵是攻魏的必争之地，如史記魏世家：文侯三十五年，「齊伐我，取襄陵」。惠王十九年，「諸侯圍我襄陵」。襄王十三年，「楚敗我襄陵」。楚世家：懷王六年，「楚使柱國昭陽將兵而攻魏，破之於襄陵」。

襄陵爲何如地？水經注曾述其沿革，指出地在宋之西，魏之東。書中淮水注云：「渙水又東南流，逕雍丘縣故城南，又東逕承匡城，又東逕襄邑縣故城南，故宋之承匡、襄牛之地，宋襄公之所葬，故號襄陵矣。竹書紀年：梁惠成王十七年，宋景敾、衞公孫倉會齊師圍我襄陵；十八年，惠成王以韓師敗諸侯師於襄陵，齊侯使楚景舍來求成，即於此也。西有承匡城，春秋會於承匡者也。秦始皇以承匡卑濕，徙縣於襄陵，更爲襄邑。王莽以爲襄平也。」

按，承匡見左傳文公十一年，杜注云：「宋地，在陳留襄邑縣西。」水經陰溝水注：「京相璠曰：今陳留襄邑縣西三十里有故承匡城。」襄牛，見左傳僖公二十八年，杜注云：「衞地。」由此可見，襄陵一名，所包之地甚大，宋之承匡，衞之襄牛，俱在其境中。此地秦漢爲襄邑，明清爲睢州，歷代邑境有伸縮，故城在今河南睢縣西一里，以城距計，西去大梁百餘里，西馳梁郊不過兼舍一日之程。

審上述種種情況，可知此襄陵與平陵無疑是同一地方。在若干年裏，其中有宋地，有衞地，亦有魏地（「其鄙盡入梁氏矣」），乃是三國交界之處，其城可能有移動，宜其名稱不一也。當桂陵之戰之時，由於魏國勢力强大，已成爲魏之東鎮，然猶南有宋地，北有衞地。余故曰：影本注釋以爲平陵即襄陵，是也；而以平陵在今山東鄒縣，則非也。

或謂平陵即平丘，在今河南長垣縣南五十里之平街。今按魏有平丘，戰國策秦策四所謂「又取蒲、衍、首垣，以臨仁、平丘（原文誤作兵）、小黄、濟陽。」然據水經濟水注，平丘縣「故衞也」，而平陵原爲宋地，此不合者甚明；況平丘在大梁北，何得謂之東陽，又安得西馳梁郊？此説之謬，不待辯也。（張震澤）

〔見威王〕

孫子見威王曰：「夫兵者，非士恒埶（勢）也，此先王之傅道也①。戰勝，則所以在亡國而繼絶世也②；戰〔一〕不勝，則所以削地而危社稷也③。是故兵者不可不察。然夫樂兵者亡，而利勝者辱。兵非所樂〔二〕也，而勝非所利也，事備而後動。故城小而守固者，有委也④；卒寡而兵强者，有義也。夫守而〔三〕无委，戰而无義，天下无能以固且强者。堯有天下之時，詘（黜）王命而弗行者七，夷有二，中國四⑤，〔四〕素佚而至利也⑥。戰勝而强立，故天下服矣。昔者神戎戰斧遂，黄帝戰蜀禄，堯伐共工，舜伐劇〔五〕□□而并三苗□〔下缺〕〔六〕管，湯汸桀，武王伐紂⑦，帝奄反，故周公淺之⑧。故曰：德不若五帝，而能不及三王，知

(智)不若周公,曰(七)

我將欲責仁義,式禮樂,垂衣常⑨,以禁争捝⑩,此堯舜非弗欲也,不可得,故舉兵繩之。」(八)

右見威王篇,影本共存八簡,八簡中七簡爲整簡,唯第六簡殘斷,僅存「□□而并三苗□」七格。并三苗事屬於舜,下文當言禹之征伐,而適缺去,遂與第七簡文不連。全文除此一簡外,其他基本完整,唯首簡簡背無標題,末簡無字數統計,與前篇異。

文以「孫子見威王」開頭,與孟子以「孟子見梁惠王」開頭同例。孫臏與孟軻同時,此種開頭法乃一時風氣。戰國遊説之士往往自記其與所説君主之問答以傳弟子,本篇亦其一例也。

據史記六國年表,孟子説魏惠王以仁義,在惠王三十五年(公元前三三五年),即馬陵戰後六年。其時惠王兩次敗於齊,又兩次敗於秦,數被軍旅,國勢一蹶不振,故惠王提出「何以利吾國?」孟子答以「仁義」,主張發展農業,反對好戰,雖屬迂闊,但正針對時勢而發。當在桂陵戰(公元前三五三年)前不久,時齊國初强,威王得意,故孫子對威王,主戰,而警告要「有委」「有義」,亦有針對性。孟孫兩家思想體系不同,而各有所針對,非徒空談道理。

文中「昔者神戎伐斧遂」一段,亦見戰國策秦策蘇秦説秦惠王書,又見於荀子議兵,三書略有不同,表例如下:

孫臏見威王	蘇秦說秦惠王書	荀子議兵
昔者神戎戰斧遂	昔日神農伐補遂	
黃帝戰蜀祿	黃帝伐涿鹿而擒蚩尤	
堯伐共工	堯伐驩兜	是以堯伐驩兜
舜伐劇□□而并三苗	舜伐三苗	舜伐有苗
〔缺文〕	禹伐共工	禹伐共工
湯汸桀	湯伐有夏	湯伐有夏
	文王伐崇	文王伐崇
武王伐紂	武王伐紂	武王伐紂
商奄反周公淺之	齊桓任戰而伯天下	

按堯舜征伐，出尚書虞書：「流共工于幽州，放驩兜于崇山，竄三苗于三危，殛鯀于羽山，四罪而天下服。」表中見威王有缺文，但流共工、屏三苗兩條同虞書。蘇荀皆言禹伐共工，與虞書異。又孫蘇皆言神農黃帝，而荀子獨無。四家異同，表明古帝征伐之傳說，戰國時尚不統一。若以時代論，孫臏見齊威王在公元前三五三年桂陵之戰前後，蘇秦說秦惠王在秦惠王元年，即公元前三三七年，荀子議兵趙

孝成王前，不知何年，然趙孝成王於公元前二六五年至公元前二四五年在位，議兵最早不超過公元前二六五年。三人相距各數十年。這種情況説明孫臏絶非因襲蘇、荀，可證本篇之作至少早於蘇、荀也。

【注釋】

①夫兵者，非士恒執（勢）也，此先王之傳道也　影本注釋：「士，疑讀爲事或恃。意謂軍事上不能依賴固定不變的形勢。」今按，此説非是。兵，本義爲兵器，説文：「兵，械也。」此二句，「士」與「先王」爲對文，應指士人（包括謀士、武士）。「非」與「此」爲連語，猶言不是什麽而是什麽。傅，通輔。孫臏，謀士也。此二句乃謂謀士不專依靠兵械爲擊敵之勢，而應如先王以兵作輔助行道之器。下文「樂兵者亡（專喜玩弄兵器者終要敗亡）」，即申「非士恒勢」之意；「戰勝而强立，故天下服」，即申「先王傳道」之意。此文强調「道」字，欲國家强盛，兵固不可缺，但不可單純靠兵，而以兵輔道，尤爲重要。下文言「有義」又引古事以證此理，義即道也

②則所以在亡國而繼絶世也　影本注釋：「此句意爲戰爭的勝負關係到國家的存亡。」今按，「在」，可能是「存」字的筆誤。「存亡繼絶」，古之常語，謂保存將亡已亡之國家，延續將絶已絶之後嗣。

③削地而危社稷也　按，戰敗則割地予人，謂之削地。社稷，社，土神；稷，穀神；爲有國者（天子或諸侯）所祭。白虎通社稷：「王者所以有社稷何？爲天下求福報功。人非土不立，非穀不食。故封土立社，示有土也；稷，五穀之長，故立稷而祭之也。」古有國者必立社稷，社稷代表國家，以社稷之存亡，示國家之存亡。戰敗危及社稷，即危及國家。

④故城小而守固者，有委也　影本無注。今按，委，指委積。禾穀之聚曰委，亦曰積。委、積有大小

遠近之分，故名稱不同。周禮遺人「掌邦之委積」，疏云：「三十里言委，五十里言積。」大司徒「令野脩道委積」，注云：「少曰委，多曰積。」湖北雲夢睡虎秦墓出土秦簡倉律：「萬石一積。」效律：「櫟陽二萬石一積，咸陽十萬石一積。」委積就是草堆穀垛。本文上言城小，故下言委，不言積。

⑤堯有天下之時，詘（黜）王命而弗行者七，夷有二，中國四　按，詘，經傳多以「黜」字爲之。黜，去也，廢也。書序：「湯既黜夏命。」堯時黜王命者七，不知何指。下文言夷二中國四，不足七數，亦未詳何故。

⑥素佚而至利也　按，至、致古通。戰國策秦策一：蘇秦説秦惠王曰：「夫徒處而致利，安坐而廣地，雖古五帝三王五伯明主賢君常欲坐而致之，其勢不能，故以戰續之。」文與此近，至利即作致利。漢書公孫弘傳「致利除害」，注：「致謂引而至也。」

⑦昔者神戎戰斧遂至武王伐紂　按此文亦見戰國策秦策、荀子議兵。引見前表。「神戎戰斧遂」，秦策作「神農伐補遂」，戎、農，斧、補，皆音同通借。高誘曰：「補遂，國名也。」「蜀禄」秦策作「涿鹿」，史記五帝本紀一本作「濁鹿」，均音同通借。本紀言「黄帝與蚩尤戰於涿鹿之野」，集解：「涿鹿，山名。」今河北省有涿鹿縣。「堯伐共工」，秦策及荀子皆作「堯伐驩兜」。按尚書堯典：舜言于堯，請流共工，放驩兜，竄三苗，殛鯀。是伐四罪是堯和舜兩人的行動，屬之堯或屬之舜均無不可。「并三苗」，影本注釋并讀爲屏，是也。尚書作「竄三苗」，竄、屏意同。「管湯汸桀，武王伐紂」，影本注釋引韓非子説疑「湯放桀，武王伐紂」參證，讀汸爲放。按注釋説是也。汸字當是涉上湯字，誤从水旁。湯放桀，見史記夏本紀；武王伐紂，見史記殷本紀。管字不知何義。尚書帝告釐沃序：「湯始居

亳。」史記殷本紀、六國年表序皆言湯起于亳。逸周書殷祝稱湯居薄，都不涉及管，則管亦非湯都。或謂管讀爲鯀，指殛鯀事。然與上文不屬，存疑可也。

⑧帝奄反，故周公淺之　影本注釋：「帝字當是商字誤寫。」今按，奄是地名，非人名，其上不得冠帝字。且商奄之稱，早已存在，左傳昭公九年：「蒲姑商奄，吾東土也。」定公四年：「因商奄之民，命伯禽而封於少皞之墟。」其國本單稱奄，尚書成王政序：「成王東伐淮夷，遂踐奄。」孟子滕文公下：「周公相武王，誅紂伐奄。」有的書也稱商蓋，如墨子耕柱：「周公旦非關叔，辭三公，東處於商蓋。」韓非子説林上：「周公旦已勝殷，將攻商蓋。」（王引之云：蓋字古與盇通，盇奄草書相似，故奄譌作盇，又譌作蓋。）是奄、商奄、商蓋，一地而名有不同。説文作郁，云：「周公所誅郁國，在魯。」即今山東曲阜之奄里。淺，書序作踐，史記周本紀作殘。淺、踐、殘三字同从戔聲，故相通借；鄭玄讀爲翦（見尚書成王政序正義引），翦，滅也。商帝南庚自庇遷於奄，至商朝末年，奄成爲東方大國；周滅商，紂子武庚聯合徐奄等國叛周，周公旦東征翦滅之。

⑨責仁義，式禮樂，垂衣常　按，説文貝部：「責，求也。」工部：「式，法也。」巾部：「常，下帬也，从巾尚聲。裳，或从衣。」常是裳本字。古人上衣下裳，裳如今之長裙。有所操作，必須撩裳袒袖；平居無事，則衣裳垂整；故垂衣裳指安居無爲也。荀子王霸：「之主者，守至約而詳，事至佚而功，垂衣裳，不下簟席之上，而海内之人莫不願得以爲帝王。」

⑩以禁争捝　按，捝，説文作敓：「强取也。」即今「奪」字。

威王問

威王問

齊威王問用兵孫子曰：「兩軍相當，兩將相望，皆堅而固，莫敢先舉①，爲之奈何？」孫子合（答）曰②：「以輕卒(一)嘗之，賤而勇者將之，期於北，毋期於得，爲之微陳（陣）以觸其廁③，是胃（謂）大得④。」●威王曰：「用衆用(二)寡，有道乎？」孫子曰：「有。」威王曰：「我强適（敵）弱，我衆適（敵）寡，用之奈何？」孫子再拜曰：「明王之問！夫衆且(三)强，猶問用之，則安國之道也。命之曰『贊師』⑤，毀卒亂行，以順其志⑥，則必戰矣。」威王曰：「適（敵）衆我(四)寡，適（敵）强我弱，用之奈何？」孫子曰：「命曰『讓威』，必臧（藏）其尾，令之能歸⑦，長兵在前，短兵在□，(五)爲之流弩，以助其急者⑧，□□毋動，以待（待）適（敵）能⑨。」威王曰：「我出適（敵）出，未知衆少，用之奈何？」孫子：「命曰（六）『險〓成〓』⑩，適（敵）將爲正，出爲三陳（陣），一⑪〔下缺〕（七）〔上缺〕威王曰：「毄（擊）窮寇奈何？」孫子〔下缺〕（八）可以侍（待）生計矣⑫。」威王曰：「毄（擊）鈞奈何⑬？」孫子曰：「營而離之⑭，我并卒而毄（擊）之，毋令適（敵）知之。然而不離，案（九）而止，毋毄（擊）疑⑮。」威王曰：「以一毄（擊）十，有道乎？」孫子曰：「有。功（攻）其无備，出其不意⑯。」●威王曰：「地平卒齊，合而北（一〇）者何也⑰？」孫子曰：「其陳（陣）无逢（鋒）也⑱。」威王曰：「令民素聽，奈何？」孫子曰：「素信⑲。」威王曰：「善哉！言兵埶（勢）不窮。」（一一）

●田忌問孫子曰：「患兵者何也？困適（敵）者何也？壁延⑳不得者何也？失天者何也？失地者何也？失人者何（一二）也？請問此六者，有道乎？」孫子曰：「有。患兵者，地也。困適（敵）者，險也。故曰：三里⿰氵籍洳，將患軍㉑〔下缺四字或五字〕（一三）涉將留大甲㉒。故曰：患兵者地也，困適（敵）者險也，壁延不得者洹塞也㉓，〔下缺約十字〕（一四）

奈何㉔？」孫子曰：「鼓而坐之，十而揄之㉕。」●田忌曰：「行陳（陣）已定，動而令士必聽，奈何？」孫子曰：「嚴而視之利㉖。」●田忌（一五）

曰：「賞罰者，兵之急者邪？」孫子曰：「非。夫賞者，所以喜衆，令士忘死也；罰者，所以正亂，令民畏上也；可（一六）

以益勝，非其急者也。」田忌曰：「權、埶（勢）、謀、詐，兵之急者邪？」孫子曰：「非也。夫權者，所以聚衆也；埶（勢）者，所以（一七）

令士必鬭也；謀者，所以令適（敵）无備也；詐者，所以困適（敵）也；可以益勝，非其急者也。」田忌忿然作色：「此（一八）

六者㉗，皆善者所用㉘，而子夫=㉙曰非其急者也，然則其急者何也？」孫子曰：「繚適（敵）計險，必察遠近㉚，□□（一九）

〔上缺〕將之道也。必攻不守，兵之急者也。〔下缺〕（二〇）

骨也。」田忌問孫子曰：「張軍毋戰有道㉛？」孫子曰：「有。倅險增壘㉜，諍戒毋動㉝，毋可□□毋可怒㉞。」田忌（二一）

曰：「適（敵）衆且武，必戰，有道乎㉟？」孫子曰：「有。埤壘廣志㊱，嚴正輯衆㊲，辟（避）而驕之㊳，引而勞之，攻其无備，出其（二二）

不意，必以爲久[39]。」田忌問孫子曰：「錐行者何也？鴈行者何也[40]？篡卒力士者，何也[41]？勁弩趨發者，何也[42]？（二三）

飄風之陳（陣）者，何也[43]？衆卒者，何也？」孫子曰：「錐行者，所以衝堅毀兑（鋭）也[44]；鴈行者，所以觸廁應□□[45]（二四）

篡卒力士者，所以絶陳（陣）取將也[46]；勁弩趨發者，所以甘戰持久也[47]；飄風之陳（陣）者，所以回□□□（二五）

衆卒者，所以分功有勝也。」孫子曰：「明主知道之將，不以衆卒幾功[48]。」孫子出，而弟子問曰：「威王、田忌（二六）

臣主之問何如？」孫子曰：「威王問九，田忌問七，幾知兵矣[49]，而未達於道也。吾聞『素信者昌，立義（二七）

用兵，无備者傷，窮兵者亡[50]』，齊三葉其憂矣[51]。」（二八）

善則適爲之備矣。孫子曰：〔下缺〕

〔上缺〕孫子曰：八陳已陳〔下缺〕

〔上缺〕則扣子〔下缺〕

〔上缺〕倍人也，案而止之，盈而侍之，然而不〔下缺〕
无備者困於地，不□者〔下缺〕
〔上缺〕士死□而傅（此爲簡之下端）

右威王問篇，依影本原簡加以調整。影本正文二十七簡，附録殘簡七。附録中「險成」一簡係簡之上端，存十一字，據文意移爲正文。故今全文爲二十八簡，附録六簡。全文有缺簡殘簡，中間有不連貫處。原有標題，寫在第一簡簡背，篇後無字數統計。

原簡字體，與見威王、陳忌問壘兩篇比看，是一人所書，但非一時所書。彼兩篇字體稍大，每簡最多三十五字；本篇字體較小，每篇最多爲三十七字；故知本篇原位置未必處二篇之間也。

本篇末云：「齊三桀（世）其憂矣。」影本注釋：「齊國在威王、宣王時，國勢强盛，至湣王末年爲燕所敗之後，國勢遂衰。自威王至湣王，恰爲三世。由此看來，孫臏兵法可能是孫臏後學在湣王以後所寫定的。」今按，史記田敬仲完世家：齊威王三十六年卒，子宣王立；宣王十九年卒，子湣王立；湣王三十九年遇殺，子襄王立；襄王十九年卒，子王建立；王建四十四年秦滅齊。自威王至王建，歷五世一百五十餘年。其間威王時國勢最强，「諸侯莫敢致兵於齊二十餘年」，楚趙不敢爲寇，泗上十二諸侯皆來朝，敗魏於桂陵以後，自稱爲王，以令天下。宣王乘其强勢，敗魏於馬陵以後很少用兵，於是立稷下學宮，聚文學遊説之士數百千人，不治而議論。孫臏生當威宣之世，此種情況當所熟知。湣王既立，兩伐魏，敗楚攻秦，佐趙滅中山，伐宋，南割楚之淮北，西侵三晉，雖然國力漸衰，然猶稱東帝，與秦相抗。及其末世，燕軍攻入臨淄，湣王逃走，國勢遂一蹶不振。再歷襄建兩世，齊國滅亡。但是這段歷史，孫臏已不及見。不及見而準確地預測「三世其憂」，當然不可能，影本注釋謂弟子追述，似有道理。

然而猶有可疑。古代三、九字常用爲虚數，不用作實數。清汪中述學有釋三九篇言之甚詳，如「三思而行」，「如賈三倍」，皆約之以三，以見其多，言非一也；言其更多，則用九數，如「九天」、「九泉」、「九死一生」。此文言威王田忌君臣幾知兵矣，未達於道，不過幾輩子，就令人擔憂了。如此理解，則孫臏兵法是孫臏後學在湣王以後所寫之説，就失掉了根據。

【注釋】

①兩軍相當，兩將相望，皆堅而固，莫敢先舉　影本注釋：「六韜虎韜臨境：『吾與敵人臨境相拒，彼可以來，我可以往，陳皆堅固，莫敢先舉，我欲往而襲之，彼亦可來，爲之奈何？』同書虎韜動静：『引兵深入諸侯之地，與敵之軍相當，兩陳相望，衆寡强弱相等，未敢先舉，……爲之奈何？』用語均與此相近。」今按，吴子論將：「武侯問曰：『兩軍相望，不知其將，我欲相之，其術如何？』起對曰：『令賤而勇者將輕鋭以嘗之，務於北，無務於得。』」李衛公問對上引此文曰：「魏武侯問吴起兩軍相向，起曰：『使賤而勇者前擊，鋒始交而北，北而勿罰，觀敵進取。』」六韜、吴子及本篇，傳皆先秦之書，不知是否互有因襲。連唐李問對四書都提了相似的問題，可見此乃兵家十分注意的問題。

②孫子合（答）曰　影本無注。今按，合即荅字。朱駿聲曰：「古或作畣，下當从曰，不从田。」爾雅釋言：「畣，然也。」釋詁：「合，對也。」左傳宣公二年「既合而來奔」，注：「猶答也。」襄公十年「與伯

輿合要」，疏：「使其各爲要約言語，兩相辯荅。」長沙馬王堆帛書戰國縱横家書第十二篇「奉陽君合臣曰」，合亦荅字。說文：「荅，小尗也。」借爲問荅之荅，亦作答。

③爲之微陳（陣）以觸其廁　　影本注釋：「微，隱匿。微陣，在隱蔽地點布置的陣列。觸，觸犯，攻擊。戰國策中山策：『專軍并鋭，觸魏之不意。』」今按，說文：「微，隱行也。」微陣蓋即隱行之陣，即在樹木隱蔽之處行軍之陣。觸，本義爲牴（觝）。新序雜事：「獸窮則觸。」觸的動作是猛力而突然的，訓爲犯，未安。廁，借爲側，說文：「側，旁也。」此段謂敵軍堅固，不宜正面爲敵，宜遣輕卒賤將撩之出戰，别遣隱行之陣，出其旁側而猛擊之。

④是胃（謂）大得　　按，胃借爲謂，本書及同出竹簡、馬王堆帛書皆然。

⑤命之曰賛師　　影本注釋：「命，名。」賛師，影本未釋。今按，賛師當是孫臏專用的一個術語名詞（下文「讓威」「險成」同），如孫子兵法之用「費留」、尉繚子之用「廢軍」也。賛，即贊，贊有引導義，國語周語上：「太師贊王，王敬從之」，韋注：「贊，導也。」晉語八：「韓宣子贊授客館」，韋注：「贊，導也。」賛師，意爲引敵師出戰。我强敵弱，敵不敢出，故毁卒亂行以誘引之也。

⑥毁卒亂行，以順其志　　影本注釋：「卒，這裏指軍隊的一種基層組織。」引荀子議兵：「聚則成卒，散則成列。」今按，周禮小司徒：「五人爲伍，五伍爲兩，四兩爲卒，五卒爲旅，五旅爲師，五師爲軍。」夏官序：「百人爲卒。」卒是軍隊的一種編制名稱，百人爲卒是個大數。毁卒亂行即解散行伍以示懈惰。以順其志，順敵之意，令無疑懼。

⑦命曰讓威，必臧（藏）其尾，令之能歸　　按讓威，亦爲一術語，意爲不在敵前顯示軍威以讓敵人。影

本注釋：「臧，疑讀爲藏。」今按，臧藏，古二字通用。藏其尾，謂掩蔽後隊。讓威，故不以全軍示敵，又留歸路以便後退也。

⑧長兵在前，短兵在□，爲之流弩，以助其急者　按，史記匈奴傳：「長兵則弓矢，短兵則刀劍。」長兵亦指戈矛。漢書鼂錯傳：「堅甲利刃，長短相雜，游弩往來，什伍俱前，則匈奴之兵弗能當也。」游弩即游動之弩弓手。影本注釋謂「流弩」與「游弩」同義；又引司馬法定爵：「長以衛短，短以救長。」皆是也。「在」字下之缺文，原簡模糊，似是「貳」字，説文：「貳，副益也。」此蓋言長兵在前爲主體，短兵在旁爲副貳。

⑨以侍（待）適（敵）能　影本注釋：「通典卷一五九引孫子：『敵鼓噪不進，以觀吾能。』又孫子九地『疾戰則存，不疾戰則亡者，爲死地』下何氏注引孫子云：『安静勿動，以隱吾能。』能字用法均與此相近。」今按，能謂能力，觀其能力尚可，待其能力似不通。疑此能字讀爲罷，商君書境内「高爵能」，孫詒讓讀爲罷。罷，古通疲，音亦讀疲。□□毋動而不戰，以待敵氣疲惰，似較通順。

⑩孫子命曰險=成=　按，「孫子」下脱「曰」字。「險成」二字下有重文符號，下似脱「者」字。此句應讀爲「孫子曰：『命曰「險成」，險成者』」云云。此簡，影本原附篇後，今移接此處爲第七簡，文意通貫。險成，亦一術語，與「贊師」「讓威」同例。險成意爲既險而又成之也。

⑪適（敵）將爲正，出爲三陳（陣），一　影本無注。今按，正，蓋指正面出擊。或爲征之省文，金文多以正爲征，伐也。此謂敵之將軍準備正面出擊，我則分爲三陣迎拒，以一陣如何如何，以二陣如何如何（簡文下缺）。敵軍出擊，未知其衆少，我分三陣，以其一迎敵，是以三分之一的兵力敵其大軍，其勢甚

險，然有二陣爲援，勢又相成，故「命曰險成」。在我出敵出，未知衆少的情況下，此爲最好的拒敵方法。

⑫可以侍（待）生計矣　按上缺，句意未詳。本書待通作侍。

⑬毄（擊）鈞奈何　按，鈞，同也，等也。與均字通。此鈞謂敵我兵力相等。

⑭營而離之　影本注釋訓營爲惑，是也。今按，荀子宥坐：「言談足以飾邪營衆。」淮南子原道：「精神亂營。」字亦作熒。莊子人間世：「而目將熒之。」史記孔子世家：「匹夫而熒惑諸侯。」熒皆同營。説文作䁝，云：「惑也。」營而離之，即惑亂敵人，使之離散。敵我勢均力敵，今營惑敵人使之離散，則均勢破矣。

⑮然而不離，案而止，毋毄（擊）疑　按，此言敵若不離散，我即按兵不戰，不要在敵軍是否離散尚未弄清的情況下攻擊敵人。影本注釋云：「疑，似指敵人的疑兵。」誤。

⑯功（攻）其无備，出其不意　按，此語見孫子計篇。功攻通，本篇下文即作攻。

⑰地平卒齊，合而北者何也　影本注釋：「平，平敞。六韜犬韜戰騎：『地平而易，四面見敵。』齊，齊整。六韜龍韜兵徵：『士卒不齊。』合，交戰。孫子地形：『以少合衆，以弱擊强。』」今按，説解是也。然又云：「此句意謂地形和士卒的條件都好，却打敗仗。」以卒爲士卒，恐非。卒當謂卒伍之卒，謂地平而隊齊也。

⑱其陳（陣）无逢（鋒）也　按，逢，借爲鋒，古無鋒字，本書勢備篇作封，又作蜂；八陣篇作蠭，亦作逢；官一篇亦作逢，皆鋒之借。漢書用古字，多作鏠。釋名釋兵：「刀，其末曰鋒，言若蜂刺之毒利也。」此處鋒指陣之前鋒，孫子地形：「兵無選鋒曰北。」

⑲令民素聽，奈何？　孫子曰：素信　按，素聽，平素服從。素信，平素守信。影本注釋引孫子行軍：「令素行以教其民，則民服；令不素行以教其民，則民不服。令素行者（通典卷一四九、太平御覽卷二九六皆引作『令素信著者』），與衆相得也。」又引六韜虎韜軍略：「凡帥師將衆，慮不先設，器械不備，教不素信，士卒不習，若此不可以爲王者之兵也。」引據皆碻。此一問答是説：要民衆平素服從，就得平素守信用，二孫見同。

⑳壁延　詳下注。

㉑三里灊洳，將患軍　影本注釋：「籍且二字，古音相近。灊洳即沮洳，沼澤地帶。」今按，六韜犬韜戰騎：「汙下沮澤，進退漸洳，此騎之患地。」灊漸雙聲，灊洳即漸洳。詩魏風汾沮洳「彼汾沮洳」，疏：「沮洳，潤澤之處。」是沮洳、漸洳、灊洳，一聲之轉。軍下缺文，當是「行」字。言有三里之泥濘，即難行軍矣。

㉒涉將留大甲　影本注釋謂大甲指全副武裝、鎧甲堅厚的步卒。今按，非也。韓非子説林下：「越已勝吴，又索卒於荆而攻晉。左史倚相謂荆王曰：『夫越破吴，豪士死，鋭卒盡，大甲傷；今又索卒以攻晉，示我不病也，不如起師與分吴。』荆王曰：『善！』因起兵而從越。越王怒，將擊之。大夫種曰：『不可，吾豪士盡，大甲傷，我與戰，必不剋，不如賂之。』」大甲與鋭卒並舉，其不爲兵卒明矣。甲謂甲士，卒謂徒卒，甲士是軍中之主要戰鬭力，就其全體言，稱大甲。古以車戰，甲士乘車，兵卒徒行，地多泥濘，車不通行，大甲被阻。上有缺文，涉字不知屬上屬下？

㉓壁延不得者⿰氵⿱亘虫塞也　影本注釋以壁延爲「辟易之音變，是退避之意」；釋⿰氵⿱亘虫塞爲⿰氵⿱亘虫寒，謂⿰氵⿱亘虫寒即渠

幨、渠答。今按，此説不確。壁，謂城壁；延，蓋指延道。左傳隱公元年「隧而相見」，杜注：「隧，若今延道。」延，亦作埏，後漢書陳蕃傳「葬親而不閉埏隧」，注：「埏隧，今人墓道也。」又作羨，儀禮既夕禮賈疏：「羨道謂入壙道，上無負土爲羨道。」九章算術商功章「今有羨除」，劉徽注云：「羨除，隧道也，其所穿地，上平下邪。」然則延即隧道，有似今之交通壕。蝁，即渠字，可無疑。塞，影本釋寒，今審原簡，應是塞字。渠塞，指溝渠隘塞，淮南子兵略：「莫不設渠塹傅堞而守。」本書陳忌問壘：「所以應卒窘處隘塞之中。」即此蝁塞也。此句是説，城壁延道攻之不得，是因其有溝渠隘塞可守。上文「患兵者地也，困敵者險也」，皆就地形而言，渠塞也是地形，三者一致。

㉔奈何　按此簡上有缺簡，當言失天、失地、失人三事，附録之殘簡當有居此位置者。

㉕鼓而坐之，十而揄之　按，上文殘去所問，此二句意義不明。

㉖嚴而視之利　按，視與示通。詩小雅鹿鳴「視民不恌」，箋云：「視，古示字也。」漢書高帝本紀「亦視項羽無東意」，注：「漢書多以視爲示，古通用字。」湖北雲夢秦簡課吏：「瞋目扼腕以視力，訏詢疾言以視治。」亦以視爲示。此謂嚴格要求而示之以利。

㉗此六者　按，此字上脱曰字。六者，指賞、罰、權、勢、謀、詐。

㉘皆善者所用　影本注釋：「古兵書多稱善戰者爲善者。六韜豹韜敵武：『善者以勝，不善者以亡。』今本孫子中之『善戰者』，銀雀山竹簡本孫子多作『善者』。」今按，本書有善者篇。

㉙子夫＝　按，「夫＝」讀爲大夫，夫字含有大字，故用合文號。秦孝公十八年商鞅量、秦刻石及本書禽龐涓篇大夫二字皆如此作。子大夫，對男子的敬稱。

㉚繚適（敵）計險，必察遠近　按，繚借爲料。説文：「料，量也。」段注：「稱其輕重曰量，稱其多少曰料。」國語周語上：宣王「料民於太原」，注：「數也。」漢度尚碑云：「料敵制勝。」孫子地形亦云：「料敵制勝，計險阨遠近，上將之道也。」

㉛張軍毋戰有道　按，道下脱「乎」字。張軍毋戰，承上必攻不守，言既不守，但有不戰之時，不戰當奈何也。

㉜倅險矰壘　影本注釋：「倅，疑當讀爲萃，止也，處也。萃險猶言據險、依險。增壘，謂增高壁壘。」今按，倅借爲萃，矰借爲增，影本説是也。廣雅釋詁三：「萃，聚也。」説文：「聚，會也。」蓋謂聚軍於險阻之處而增高壁壘。六韜虎韜臨境：「深溝增壘而無出。」

㉝諍戒毋動　影本注釋：「諍，疑當讀爲静。」今按，諍當讀本字，説文：「諍，止也。」謂戒止之使勿動也。

㉞毋可□□毋可怒　按，缺文第一字原簡存左旁禾，第二字存左旁彳，不知何字。影本注釋疑讀爲「動毋可□，□毋可怒。」仍不可曉。

㉟適（敵）衆且武，必戰，有道乎　按此問承上文必攻，言敵衆且武，攻之奈何也。

㊱埤壘廣志　影本注釋：「埤，當讀爲卑下之卑。尉繚子兵教下：『凡將輕，壘卑，衆動，可攻也；將重，壘高，衆懼，可圍也。』此句意謂故意構築低壘，示不懼，以開廣士卒心志。」今按，此注不確。睡虎地秦簡秦律雜抄戍律：「令戍勉補繕城，署勿令爲他事。已補，乃令增塞埤塞。」增塞同本文之「矰壘」，埤塞即本文之「埤壘」。廣雅釋詁一：「埤，益也。」詩邶風北門「政事一埤益我」，傳：「厚也。」蓋增謂增高，埤謂加厚，讀埤爲卑下之卑，非也。廣志，開廣意志。六韜武韜文伐：「輔其淫樂，以廣

其志。」史記扁鵲倉公列傳：「車步廣志，以適筋骨肉血脈，以瀉氣。」則廣志乃是從容不迫心志安閑之意。下句「嚴正輯衆」，主語當是將軍，此埤壘廣志亦言將軍廣志，非開廣士卒心志也。

㊲嚴正輯衆　影本注釋：「正，疑當讀爲政。……輯，集也。輯衆，團結士衆，使之一心。」今按，正，當借爲整，禮記曲禮：「正爾容。」即借正爲整。輯當訓和，爾雅釋詁：「輯，和也。」詩大雅公劉「思輯用光」，傳：「言民相與和睦。」此言埤壘廣志而不荒惰涣散。

㊳辟（避）而驕之　按，辟讀避。言避不與戰，使敵生驕而不備。

㊴必以爲久　影本注釋：「疑謂必須持久。」久讀久遠之久。今按，湖北雲夢睡虎地秦簡，久，用爲記。其金布律云：「縣都官以七月糞公器不可繕者，有久識者靡（磨）蚩之。」工律云：「公甲兵，各以其官刻久之，其不可刻久者，以丹若髼書之。」久字皆指器物之刻記。此處「必以爲久」，當讀爲「必以爲記」，猶言牢記勿忘也。

㊵錐行者何也？鴈行者何也　按，錐行、鴈行皆陣名，亦見本書十陣篇和官一篇。鴈即雁。十陣篇云：「錐行之陣者，所以決絶也。雁行之陣者，所以接射也。」官一篇云：「陳刃以錐行」，「便罷以雁行」。各詳該篇注釋。

㊶篡卒力士者，何也　影本注釋：「篡卒當讀爲選卒。」今按，篡卒，本書八陣篇作選卒，篡卒篇又作撰卒。古書又或作算，作纂。如鹽鐵論雜論「何足算哉」，漢書公孫劉田王楊蔡陳鄭傳贊引作「何足選也」。論語子路「斗筲之人，何足選也」，錢大昕云：「今本論語選作算。選算古字通。邶風『威儀棣棣，不可選也』，後漢書朱穆傳注絶交論引作『不可算也』。齊風『舞則選兮』，文選舞賦注引作『舞

則篡兮』。篡即算也。」（據漢書補注引）篡卒即選拔出來的兵士。軍中有選拔出來的材力之士，爲一軍之精鋭，謂之選卒力士。吴子料敵：「一軍之中，必有虎賁之士，力輕扛鼎，足輕戎馬，搴旗取將，必有能者，若此之等，選而別之，愛而貴之，是爲軍命。」圖國：「民有膽勇氣力者，聚爲一卒；樂以進戰效力，以顯其忠勇者，聚爲一卒；能逾高超遠，輕足善走者，聚爲一卒；王臣失位而欲見功於上者，聚爲一卒；棄城去守，欲除其醜者，聚爲一卒：此五者，軍之練鋭也。」尉繚子兵教下：威加天下十二事，「十一曰死士，謂衆軍之中有材力者，乘於戰車，前後縱横，出奇制敵也。十二曰力卒，謂經其全曲，不麾不動也。」呂氏春秋愛類：「王也者，非必堅甲利兵，選卒練士也。」戰國策齊策一：「其良士選卒亦殪。」本書也有篡卒篇。凡此所言，皆篡卒力士之例。

㊷勁弩趨發者，何也　影本注釋：「趨發亦作騶發。」引漢書鼂錯傳「材官騶發，矢道同的」，顔師古曰：「騶，謂矢之善者也。春秋左氏傳作菆字，其音同耳。材官，有材力者。騶發，發騶矢以射也。」云云。今按，師古注非也。蘇林漢書音義：「騶，音馬驟之驟。」王引之曰：「訓騶爲矢，則與下句矢字相複，蘇讀騶爲驟，是也。驟發謂疾發也。字或作趨，韓子八説篇：『狸首射侯不當强弩趨發。』趨發、騶發，並與驟發同。曲禮：『車驅而騶。』釋文：『騶，仕救反。』是騶有驟音也。荀子禮論篇：『步中武象，趨中韶濩。』正論篇，趨作騶；史記禮書作驟。是騶、趨並與驟通也。漢書孝文紀正作『材官驟發』。」余謂：王引之辯之，是也。但謂驟發爲疾發，猶未達一間。史記「步中武象，驟中韶濩」二語，正義曰：「步猶緩，緩車則和鸞之音中於武象，驟車中於韶濩也。」（武、象、韶、濩，皆樂舞名）驟車指快跑着的馬車。然則，驟發（或騶發、趨發）當指能在快跑的車上，或快走的情況下發矢中

敵，而非疾發之意也。

㊸剽風之陳（陣）者，何也　按，剽，借爲飄。詩小雅何人斯「其爲飄風」，傳：「暴起之風。」老子：「飄風不終朝」，注：「疾風也。」馬王堆帛書老子甲本作飄，乙本作剽。字又作歘，本書官一篇之歘陣，即剽風之陣。

㊹錐行者，所以衝堅毀兑（鋭）也　按，兑爲鋭之省。馬王堆帛書老子甲本，鋭作兑，乙本同。衝堅毀鋭，謂錐行之陣可以衝其堅甲，毀其鋭兵。

㊺鴈行者，所以觸廁應□□　按，觸廁見前注。此謂雁行之陣可以觸擊敵之側翼。

㊻篡卒力士者，所以絶陳（陣）取將也　按，絶，度也。史記天官書「後六星絶漢」，正義：「直度曰絶。」漢書成帝紀「不敢絶馳道」，注：「横度也。」此言選卒力士可以直度敵陣而取其將軍。

㊼所以甘戰持久也　影本無注。今按，説苑指武：「必死不如樂死，樂死不如甘死。」此甘字之義也。蓋勁弩趨發之士取人於百步之外，不必白刃相鬬，所以他們甘戰而不懼戰。持久，説文：「久，從後灸之，象人兩脛後有距也。」久蓋即針灸之灸本字，象人脛上有炷（篆作八）。灸法，以火炷著人以治病，而炷不暫去。引伸爲以火烙記，上引秦簡「刻久」即指刻烙印記，故其不可刻久者則以丹漆書之。又引伸爲蓋塞，儀禮士喪禮「冪用疏布久之」，注：「謂以蓋塞鬲口也。」又引伸爲稽留，公羊莊公八年「爲久也」，注：「稽留之辭。」又引伸爲固，漢書禮樂志注引晉灼曰：「久，固也。」本文「持久」蓋用迫著不捨之義，即現代漢語之「釘住」或「盯住」之意。勁弩趨發之士能以逸待勞由近及遠，盯住敵人不放，如灸炷之著人，故曰「持久」，其他兵種都做不到。

㊽不以衆卒幾功　按，衆卒指一般兵卒。淮南子覽冥「質壯輕足者爲甲卒」，注：「在車曰士，步曰卒。」作戰而無衆卒，獨甲士不能成功。單有衆卒也不能取勝，故曰「不以衆卒幾功」。幾，期望，希冀。

㊾幾知兵矣　影本注釋：「幾，接近于。」今按，爾雅釋詁：「幾，近也。」

㊿素信者昌，立義用兵，无備者傷，窮兵者亡　影本釋文以爲「立義」下有缺文。今按四句昌、兵、傷、亡爲韵，原簡下不缺。孫子引用成語，内容思想與見威王篇「樂兵者亡，利勝者辱」相符合。戰國策齊策五亦云：「故曰：祖仁者王，立義者伯，用兵窮者亡。」

51齊三葉其憂矣　按，葉从木世聲，借爲世。睡虎地秦簡爲吏之道：「三葉之後，欲仕仕之。」亦以葉爲世。此處三世，可譯爲幾輩子。

陳忌問壘

陳忌問壘①

●田忌問孫子曰：「吾卒〔下缺約二十七字〕(一)不禁，爲之奈何？」孫子曰：「明將之問也。此者，人之所過而不急也，此訂之所以疕〔下缺約五字〕(二)志也。」田忌曰：「可得聞乎？」曰：「可。用此者，所以應卒窘②、處隘塞死地之中也，是

吾所以取龐□（三）

而禽泰子申也③。」田忌曰：「善！事已往而刑不見④。」孫子曰：「疾利者，所以當蠵池也⑤；車者，所以當壘□；（四）

□□□，所以當堞也；發者，所以當俾倪也⑥；長兵次之，所以救其隋也⑦；從次之者⑧，所以爲長兵□（五）

也；短兵次之者，所以難其歸而徼其衰也；弩次之者，所以當投幾也⑨；中央无人，故盈之以枏□⑩（六）

〔上缺〕將戰書柧，所以哀正也⑪，誅□□旗，所以嚴後也。善爲陳（陣）者，必□□賢〔下缺〕（七）

卒已定，乃具其法，制曰：以弩次疾利⑫，然後以其法射之。壘上弩戟分。法曰：見使枼來言而動⑬□（八）

□去守五里，直候⑭，令相見也，高則方之，下則員之⑮，夜則舉鼓，晝則舉旗。」（九）

〔上缺〕田忌問孫子曰：「子言晉邦之將荀息、孫軫之於兵也，未〔下缺〕

〔上缺〕无以軍恐不守。」忌子曰：「善。」田忌問孫子曰：「子言晉邦之將荀息、孫（此爲簡尾）

〔上缺〕也，勁將之陳也。」孫子曰：「士卒（此爲簡尾）

〔上缺〕田忌曰：「善！　獨行之將也。〔下缺〕

〔上缺〕言而後中。」田忌請問〔下缺〕

〔上缺〕人。」田忌請問：「兵請奈何？」〔下缺〕

〔上缺〕見弗取。」田忌服，問孫（此爲簡尾）

〔上缺〕橐□□□□焉。」孫子曰：「兵之〔下缺〕

〔上缺〕應之。」孫子曰：「伍〔下缺〕

〔上缺〕孫子曰〔下缺〕

〔上缺〕見之。　孫〔下缺〕

〔上缺〕以也。　孫〔下缺〕

〔上缺〕吻，明之吴越，言之於齊，曰智（知）孫氏之道者，必合於天地。　孫氏者（此爲簡尾）

〔上缺〕求其道，國故長久。　孫子〔下缺〕

〔上缺〕問：「智（知）道奈何？」孫子〔下缺〕

〔上缺〕而先智（知）勝不勝之胃（謂）智（知）道。　□戰而智（知）其所〔下缺〕

〔上缺〕所以智（知），適（敵）所以□智。　故兵无〔下缺〕

右陳忌問壘篇，據影本各簡稍加調整，重編序號。其中第七簡，原在附録中。此簡文曰「將戰書柧」，乃敍孫臏削樹書白事，正與第六簡文相接，故今移入正文第六簡下。於是全文共得九簡。篇題「陳忌問壘」，寫在第一簡簡背，末簡「晝則舉旗」下有空白，似已告一段落。但篇中文有不連處，似乎仍有缺簡，今存九簡，並非完篇也。

殘簡十七段，多爲簡之中段，首尾殘去，無法聯綴，亦不知是否屬於本篇，即依影本附於篇後。

此篇雖多殘缺，但主要文字尚存，其可貴者，在於對馬陵之戰史有所補充，有所證明。文中記述孫臏在此次戰役中之戰術部署，反映古代軍事家孫臏之軍事才能，亦足加深吾人對孫臏之認識。

馬陵之戰發生於公元前三四一年，去公元前三五三年桂陵之戰十二年。此爲有孫龐參加的齊魏第二次大戰。此次大戰，戰國策、史記均有記載（影本附有資料輯録）。當時齊軍大將，戰國策齊策謂是田忌，魏策謂是田肦，史記孫吴列傳亦云田忌，田敬仲完世家則云：「齊因起兵，使田忌田嬰爲將。」六國年表又説：「田忌田嬰田肦爲將，孫子爲師。」記載之詳略有歧，蓋史家之互見法，田忌田嬰田肦俱爲將，史書各隨文分言之而已。然而由本篇觀之，田忌雖爲軍將，蓋未親自參加此次戰鬬，或雖參加，但未詳知孫臏之具體佈置，故事後乃問：「事已往而形不見」，「可得聞乎？」

本篇現有文字，主要記述孫臏此次之戰術安排。據史記孫子吴起列傳，孫臏爲減竈之計，誘龐進軍，預料龐涓「暮當至馬陵，馬陵道狹，而旁多阻隘，可伏兵。乃斫大樹白而書之曰：『龐涓死於此樹之下。』於是令齊軍善射者萬弩夾道而伏，期曰：『暮見火舉而俱發。』龐涓果夜至斫木下，見白書，乃鑽火燭之，讀其書未畢，齊軍萬弩俱發，魏軍大亂相失。龐涓自知智窮兵敗，乃自剄，曰：『遂成豎子之名！』齊軍因乘勝盡破其軍，虜太子申以歸。」

史記此文簡要，敍其戰術部署，不過「令齊軍善射者萬弩夾道而伏」一語盡之。本篇則詳述當時伏兵有精心安排：以蒺藜當溝池，以戰車當軍壘，以□□當堞，以厰當埤堄。以上是臨時戰壘的佈置。然後長兵次之，短兵次之，弩次之。以上是武裝佈置。所有佈置皆以大樹爲中心，即「中央无人，故盈之以〔樹〕」。可見孫臏設計十分周密，層層不漏，未戰之前，龐涓已是囊中之物，正是「先爲不可勝以待敵之可勝」一語的具體運用。此種描述，使當時戰況益明，亦使孫臏形象益形突出，可謂史料之極佳之補充。

【注釋】

①陳忌問壘　此篇題在第一簡簡背。陳忌，文中作田忌。影本注釋云：「陳忌即田忌。陳田二字古音相近通用。」今按，田忌爲陳完之後，史記田敬仲完世家：「陳完者，陳厲公佗之子也。……如齊，以陳字爲田氏。」索隱云：「以陳田二字聲相近，遂爲田氏。」正義：「不欲稱本故國號，故改田字。」索隱以爲陳田音近，正義以爲諱故國號，諱故國號而取音近之字爲氏，説本兩通。然今傳世有陳璋壺，齊宣王時田章破燕擄獲之器也，其銘爲田章自刻，銘曰：「隹主五年，奠□陳得再立事歲，孟冬戊辰，大將□子陳璋入伐匽（燕）亳邦之隻（獲）。」銘文自稱陳氏而不稱田氏，可見宣王時尚未避故國號。當時作爲姓氏，陳田兩用，作爲其他意義則陳田二字不能互通，愚以爲田可能是陳字省文，即簡化字，作爲姓氏，有時取簡筆耳。

②應卒窘　影本注釋讀卒爲猝。今按，是也。卒窘即猝窘。窘，馬王堆漢墓帛書老子乙本前古佚書

作窘，與此同，甲本作郡。卒爲猝之借，史記孔子弟子列傳：「慮不先定，不可以應卒。」索隱：「卒，謂急卒也。」應猝窘謂應付急迫的困難事件。

③是吾所以取龐□而禽泰子申也　按，缺文當是子字或涓字。　泰子申即太子申，魏惠王之子，於馬陵之戰被擒。古泰太同字。

④事已往而刑不見　影本釋刑爲形。今按是也。本書及馬王堆漢墓帛書，凡形字皆作刑，借字也。此句言：馬陵之戰已成過去，當時軍形（軍事佈置）不復再見。

⑤疾利者，所以當⿰虫冓池也　影本釋疾利爲蒺藜。今按是也。兹申説之：蒺藜，本爲野生植物，詩鄘風牆有茨稱爲茨，急言之爲茨。其物多生道旁，今山東河北多有之，秋結果大如酸棗，有硬刺，能傷人足。軍用蒺藜即象此物而用鐵或木製成，置道上以阻敵人。墨子備城門作疾犁。六韜虎韜軍用説軍用蒺藜云：「平易地，以步兵敗車騎，木蒺藜，去地二尺五寸，百二十具。」又云：「敗步騎，要窮寇，逐走北，狹路微徑張鐵蒺藜，芒高四寸，廣八寸，長六尺以上，千二百具。」又云：「敗走騎，突暝來，前促戰，白刃接，張地羅，鋪兩鏃蒺藜，參連織女（織女也是一種軍用物品），芒間相去二尺，萬二千具。」陝西沔縣定軍山曾發現三國諸葛亮所用蒺藜，以鐵製成，每枚有四芒刺，各長二寸，撒佈地上，必有一刺向上，人馬不能行。可見古代軍用蒺藜，形狀大小不一，而作用則同爲阻人馬之行也。當，充當。⿰虫冓池，即溝池。溝，釋名作⿰金冓。禮記禮運：「城郭溝池以爲固。」臨時以車爲壘，不得掘溝池，即以蒺藜當之。

⑥□□□，所以當堞也；發者，所以當俾倪也　影本釋發爲瞂。今按，瞂，盾也。方言九：「盾，自關

而東或謂之瞂。」詩秦風小戎「蒙伐有苑」，字作伐，毛傳：「中干也。」詩疏以爲櫓是大盾，伐是中等大小的盾。堞，即堞。影本注釋謂：堞即俾倪，即城上矮牆。俾倪有孔，堞無孔。今按，俾倪異寫很多，或作埤堄、睥睨、僻倪、陴倪。左傳宣公十二年「守陴」，孔疏有考證，兹録其文：「陴，城上小牆。俾倪者，看視之名。襄六年：『晏弱圍萊堙之環城，傅於堞。』注云：『堞，女牆也。』又二十五年：『吳子門於巢，巢牛臣隱於短牆以射之。』二十七年：『盧蒲嫳攻崔氏，崔氏堞其宮而守之。』注云：『堞，短垣也。』陴、堞、俾倪、短牆、短垣、女牆，皆一物也。說文云：『堞，城上女垣也。』廣雅云：『陴倪，女牆也。』釋名云：『城上垣曰陴，於孔中俾倪非常。亦言陴，益也，助城之高也。』或曰女牆言其卑小，比之於城，如女子之於丈夫也。」以上孔說堞與俾倪爲一物。然本篇簡文上言堞，下言俾倪，二者仍當有别，簡文所以當堞者，其字適缺，不知爲何物，亦不知是否有有孔無孔之别。今存古代城牆宮牆，其女牆即有有孔無孔兩種。今通言城垛，垛堞二字，一聲之轉。

⑦長兵次之，所以救其隋也　影本注釋：「隋，疑借爲隳，危也。」今按，長兵指戈矛。隋，影本釋隳，是也；訓危，不確。隋即墮，亦作隳，字之繁簡不同，說文作隓，云：「敗城阜曰隓。」左傳定公十二年「叔孫州仇帥師墮郈」，注：「墮，毀也。」呂氏春秋順說：「隳人之城郭。」義同。簡文以車、盾喻壘、堞，故亦喻言救其墮毀。

⑧從次之者　從，影本釋鏦。今按以聲求之，是也。說文：「鏦，矛也。」淮南子兵略「修鎩短鏦」，注：「小矛也。」鏦蓋短柄之矛，故介於長兵短兵之間。

⑨弩次之者，所以當投幾也　影本注釋，幾讀機，云：「投機，拋石機。」今按，非也。弩固可以射遠，

但以當投石機，殊無道理。而且，古代雖有投石之器，如漢書甘延壽傳注引張晏曰：「范蠡兵法，飛石重十二斤，爲機發，行二百步。」此物是砲之原形。文選閑居賦「砲石雷駭」，注：「今之抛石也。」然其器不名抛石機，亦不名投機。余謂投機，乃以捕捉鳥獸之機檻爲喻。莊子逍遥遊：「中於機辟，死於網罟。」墨子非儒：「盗賊將作，若機辟將發也。」淮南子説林：「設鼠者機動，釣魚者泛杭（航）。」機，皆指捕鳥獸的機檻，即今所用捕雀鼠之鼠夾、打籠、踏弓、翻車之屬。吴子料敵：「乘乖獵散，設伏投機，其將可取。」亦以機爲喻而直出「投機」之名。至如六韜龍韜奇兵：「疾如流矢，擊如發機者，所以破精微也。」淮南子原道：「其縱之也若委衣，其用之也若發機。」此皆指弩機而言，言其快速機動，猝不及防。本文亦謂弩機發射迅速，又能及遠，敵人陷入這種陣地，則如鳥獸之中機辟，不得逃免，故云弩當投機也。

⑩中央无人，故盈之以和□　影本未注。今按，「盈之以」下第一個缺文，原簡存左旁「木」，右旁亦有痕跡，似「寸」字，全字決是「樹」字。第二缺文可能是「也」字。史記孫子列傳：孫臏於馬陵設伏，斫大樹白而書之，即此所言「中央无人，故盈之以樹」矣。

⑪將戰書柧，所以哀正也　影本注釋：「柧與觚通，古代寫字用的多棱的木條。」今按，説文角部：「觚，鄉飲酒之爵也。」木部：「柧，棱也。」就棱木之義而言，柧是本字，然古書多借觚爲之。文選文賦「或操觚以率爾」，李善注：「木之方者，古人用之以書，猶今之簡也。」古用以作書者，削竹曰簡，削木曰牘，斫木而有棱者曰柧，故急就章言「急就奇觚與衆異」也。將戰書柧當指「斫大樹白而書之」之事。斫大樹不成簡牘，然如柧可書，故曰柧。哀正，影本注釋：未詳何意。今按馬王堆漢墓帛

書老子甲本後古佚書有云：「實邦哀軍。」哀借爲充，即「實邦充軍」。正，義爲侯中（箭靶爲侯，侯中即紅心，如今槍靶之中環）。小爾雅：「鵠中者謂之正。」周禮司裘鄭司農注：「方十尺曰侯，四尺曰鵠，二尺曰正，四寸曰質。」「充正」恰是説的大樹白書充當了中心箭靶。

⑫以弩次疾利　按蒺藜所以阻敵，此言迫敵陷入蒺藜，則伏弩射之，防其逃逸。

⑬見使枼來言而動　影本釋枼爲諜。今按，諜即牒字。史記三代世表「余讀諜記」，漢書禮樂志「披圖案諜」，皆以諜字爲之。牒，版也，札也；厚者曰牘，薄者曰牒，所以記事。此句言見到使者的牒報然後行動。此爲射法，即上文「以其法射之」之「法」。

⑭直候　影本注釋讀爲置候，謂設置哨兵。今按，候本訓伺望，伺望之人亦曰候，或曰候人，在軍曰斥候。直讀爲值，亦通，謂當值之候人。

⑮高則方之，下則員之　影本無注。今按，員即圓字。此二句似謂候人所用之信號有方有圓，用易識别。下文「夜則舉鼓，晝則舉旗」，皆爲信號。

附：關於荀息、孫軫事蹟資料

篇後殘簡，荀息、孫軫皆春秋時人。影本指出：荀息，晉獻公大夫；孫軫即先軫，晉文公大夫。兹補充有關資料於下，以資參攷。

【荀息】生年不詳，卒於晉獻公二十六年（公元前六五一年）。晉荀叔（原黯）之子，爲奚齊太傅。

（一）左傳僖公二年（前六五八）：晉荀息請以屈産之乘與垂棘之璧，假道於虞以伐虢。……

（二）左傳僖公九年（前六五一）：晉獻公卒。……初，獻公使荀息傅奚齊。……冬十月，里克殺奚齊於次。荀息將死之，人曰：「不如立卓子而輔之。」荀息立公子卓以葬。十一月，里克殺公子卓於朝。荀息死之。

（三）國語晉語一：（獻）公將黜太子申生而立奚齊。里克、丕鄭、荀息相見。里克曰：「夫史蘇之言將及矣，其若之何？」荀息曰：「吾聞事君者，竭力以役事，不聞違命。君立臣從，何貳之有？」丕鄭曰：「吾聞事君者，從其義不阿其惑。惑則誤民，民誤失德，是棄民也。民之有君，以治義也。義以生利，利以豐民，若之何其民之與處而棄之也？必立太子！」里克曰：「我不佞，雖不識義，亦不阿惑，吾其靜也。」三大夫乃別。

（四）國語晉語二：二十六年，獻公卒。里克將殺奚齊，先告荀息曰：「三公子之徒將殺孺子，子將如何？」荀息曰：「死吾君而殺其孤，吾有死而已，吾蔑從之矣！」里克曰：「子死，孺子立，不亦可乎？子死，孺子廢，焉用死？」荀息曰：「昔君問臣事君於我，我對以忠貞。君曰：『何謂也？』我對曰：『可以利公室，力有所能，無不爲，忠也。葬死者，養生者，死人復生不悔，生人不媿，貞也。』吾言既往矣，豈能欲行吾言而又愛吾身乎？雖死焉避之？」

（五）又：（里克）既殺奚齊，荀息將死之。人曰：「不如立其弟而輔之。」荀息立卓子。里克又殺卓子，荀息死之。

（六）戰國策秦策一：晉獻公欲伐郭（虢），而憚舟之僑存。荀息曰：「周書有言：『美女破舌。』」乃遺之女樂，以亂其政。舟之僑諫而不聽，遂去。因而伐郭（虢），遂破之。又欲伐虞，而憚宫之奇存。荀息曰：「周書有言：『美男破老。』乃遺之美男，教之惡宫之奇。宫之奇諫而不聽，遂亡。因而伐虞，遂取之。（又見魏策三）

【孫軫】即先軫，亦稱原軫，與荀息同族，生年不詳，卒於晉襄公元年（公元前六二七年）。晉文公三年佐下軍；五年，將中軍。晉襄公元年，死於狄。

（一）左傳僖公二十七年（前六三三）：（晉）於是乎蒐於被廬，作三軍。謀元帥，乃使郤縠將中軍，郤溱佐之。使狐偃將上軍，讓於狐毛而佐之。命趙衰爲卿，讓於欒枝、先軫，使欒枝將下軍，先軫佐之。荀林父御戎（荀林父是荀息之孫），魏犨爲右。

（二）左傳僖公二十八年（前六三二）：二月，晉郤縠卒。原軫將中軍，胥臣佐下軍，與楚戰於城濮。

（三）左傳僖公三十三年（前六二七）：殽之戰，晉原軫曰：「秦違蹇叔，而以貪勤民，天奉我也。奉不可失，敵不可縱。縱敵患生，違天不祥，必伐秦師。」欒枝曰：「未報秦施，而伐其師，其爲死君乎！」先軫曰：「秦不哀吾喪，而伐吾同姓，秦則無禮，何施之爲？吾聞之，一日縱敵，數世之患也。謀及子孫，可謂死君乎！」遂發命，遽興姜戎，子墨衰絰，梁弘御戎，萊駒爲右。夏四月辛巳，敗秦師於殽，獲百里孟明視、西乞術、白乙丙以歸。

（四）又：文嬴請三帥，……公許之。先軫朝，問秦囚。公曰：「夫人請之，吾舍之矣。」先軫怒曰：「武夫力而拘諸原，婦人暫而免諸國，墮軍實而長寇讎，亡無日矣！」不顧而唾。公使陽處父追之，及諸河，則在舟中矣。

（五）又：八月戊子，晉侯敗狄於箕，郤缺獲白狄子。先軫曰：「匹夫逞志於君，而無討，敢不自討乎？」免胄入狄師，死焉。狄人歸其元，面如生。

（六）左傳成公十六年（前五七五）：郤至曰：「箕之役，先軫不反命。」

（七）國語晉語四：（文公）使趙衰爲卿。辭曰：「欒枝貞慎，先軫有謀，胥臣多聞，皆可以爲輔佐，臣弗若也。」乃使欒枝將下軍，先軫佐之。取五鹿，先軫之謀也。

（八）又：文公問元帥於趙衰。對曰：「郤縠可，行年五十矣，守學彌惇。夫先王之法志，德義之府也。夫德義，生民之本也。能惇篤者，不忘百姓也。請使郤縠。」公從之。……郤縠卒，使先軫代之。

（九）國語晉語六：箕之役，先軫不復命。

（十）國語楚語上：王孫啓奔晉，晉人用之。及城濮之役，晉將遁矣，王孫啓與於軍事，謂先軫曰：「是師也，唯子玉欲之，與王心違，故唯東宮與西廣寔來，諸侯之從者叛者半矣。若敖氏離矣，楚師必敗，何故去之？」先軫從之，大敗楚師。

（十一）漢書藝文志兵書略兵形勢：孫軫五篇，圖五卷。班固曰：「形勢者，雷動風舉，後發而先至，離合背鄉，變化無常，以輕疾制敵者也。」（張震澤）

篡卒

篡卒①

孫子曰：兵之勝在於篡卒，其勇在於制②，其巧在於埶（勢）③，其利在於信④，其德在於道⑤，其富〔一〕在於亟歸⑥，其强在於休民，其傷在於數戰。●孫子曰：德行者，兵之厚積也⑦。信者，兵明賞也⑧。惡戰者，兵之王器也⑨。取衆者，勝之勝者也⑩。●孫子曰：恒勝有五：得主□（之）〔二〕剸制，〔三〕勝⑪。知道，勝。得衆，勝。左右和，勝。量適（敵）計險⑫，勝。●孫子曰：恒不勝有五：御將，不勝⑬。不知〔四〕道，不勝。乖將，不勝⑭。不用間，不勝⑮。不得衆，不勝。●孫子曰：勝在盡□，明賞，撰卒，乘適（敵）〔五〕之□，是胃（謂）泰武之葆⑯。●孫子曰：不得主弗將也。〔下缺約十三字〕〔六〕

□□令，一曰信，二曰忠，三曰敢。安忠=王，安信=賞，安敢=去不善⑰。不忠於王，不敢用其（七）兵。不信於賞，百生（姓）⑱弗德。不敢去不善，百生（姓）弗畏。●二百卅五（八）

右篡卒篇，據影本簡文編列。第五簡下段「明賞撰卒乘適」六字，影本單爲一簡，注云：這一簡六字因斷處與上簡不連，故未予綴合，但可能就是上簡所缺之下端，這一段文字應作：「孫子曰：勝在盡□，明賞，撰卒，乘適之□，是胃泰武之葆。」（原本注⑪）今按，依上下文意，此截確應爲上簡之下端，斷處亦無缺失，這一段文字中的兩個缺文，前當是「忠」字，後當是「弊」字，言「盡忠、明賞、撰卒、乘適之弊」四者爲泰武之葆也。

復以字數計算，全篇共八簡，實有字數爲二百一十五，加上四個缺圍，三個重文，共爲二百二十二，與篇末原統計二百三十五相較，少十三字。以每簡三十個單字計之，正好是第六簡殘去的字數。本篇前有題目寫在第一簡簡背，後有字數統計與篇文字數相合，故知此篇是完整的一篇。

全文八簡共分六章，章自爲段，各以「孫子曰」開首，而標以圓點。此乃語録體，與論語同，其取首句「篡卒」二字爲篇，亦仿論語，此戰國流行之文體也。文中主要論兵勝之道，言選卒，言富强，言信賞，言得衆，言用間，言量敵計險，言乘敵之弊，皆據客觀實際立論，不涉及天道鬼神，具有樸素唯物主義觀點，可稱爲當時兵家的出色之見解。

【注釋】

①篡卒　參見威王問篇「篡卒力士」條注。篡卒，下文作撰卒，同。篡卒謂優選士卒之有材力者，爲一軍之精鋭。周禮大司馬「羣吏撰車徒」，鄭注：「撰，讀曰算，算車徒，謂數擇之也。」（計數而選擇）算、篡、撰、選，古通用，算爲本字。説文：「算，數也，从竹从具。」別有筭字，指算籌。

②其勇在於制　影本注釋：「制，法也。」引呂氏春秋節喪：「以軍制立之。」今按，禮記曲禮：「大夫死衆，士死制」，鄭注：「死其所受於君。衆，謂軍師。制，謂君教令，聽使爲之。」疏云：「大夫死衆者，大夫職主領衆將軍，若四郊多壘，則爲己辱，故有寇難，當保國，必率衆禦之，以死爲度。士死制者，制謂君教命所使也。雖不得率師，若君命使之，則唯致死。」此文「其勇在於制」，士卒之勇，非法所能使然，必待教令而後達到，故此「制」字當據曲禮訓教令。影本注釋未安。

③其巧在於埶（勢）　按，孫臏貴勢，得勢則巧自生。

④其利在於信　按，利當讀爲鋭利之利，信賞則士氣盛，於兵則鋭利也。

⑤其德在於道　按，本書八陣篇：「知道者，上知天之道，下知地之理，內得其民之心，外知敵之情，陣則知八陣之經。」則道包含天道、地理、民心、敵情、陣法，言用兵合於此道，是爲兵德。

⑥其富在於亟歸　影本注釋：「亟歸，急歸。意謂軍用不絀在於速戰速決。」今按，古者寓兵於農，農民要服役當兵，故徵兵則害農事，害農事則不富，若求兵之富，即不宜久勞師徒於戰場，而應速歸園田也。

⑦德行者，兵之厚積也　影本注釋：「厚積，豐富的儲備。」今按，積指委積之積，即芻米禾薪之儲備。

周禮大司徒：「少曰委，多曰積。」本書見威王：「城小而守固者，有委也。」委積意同。但直謂德行是兵之豐富的禾米儲備，似不可通，其意乃言君有德行，則民擁護，民擁護則願供禾米，故兵之厚積在於德行。

⑧兵□（之）明賞也　原簡「兵」下殘去一字，當是「之」字。

⑨惡戰者，兵之王器也　影本注釋：「惡戰，不好戰。王器，王者之器。」今按，惡讀厭惡之惡，釋爲不好戰，是也。孫臏時代有王、霸之説，王者以德服天下，霸者以力服天下。有兵備者主德行而不好戰，則兵方爲完成王業的工具，否則一味好戰，則將因弄兵而亡，霸業亦難成。見威王篇「樂兵者亡」，是從反面爲説。「樂兵者亡」、「惡戰者王」二意相成，是孫臏的一致的思想，説明孫臏不但是一位軍事家，而且也是一位有頭腦的政治家。

⑩取衆者，勝之勝者也　按，此謂取得大衆的擁護，是勝中之勝。

⑪得主剸制，勝　按，剸借爲專。馬王堆帛書戰國縱横家書、伊尹九主，專，皆作剸。荀子榮辱「信而不見敬者，好剸行也」，注：「剸與專同。」三略中略：「軍勢曰：出軍行師，將在自專，進退内御，則功難成。」影本注釋所未備，今補之。得主專制勝，謂將軍獲得君主的信任，有自專之權，這樣就能取勝。

⑫量適（敵）計險　影本釋文量作糧。按，原簡糧字無米旁，今改。威王問篇作「繚適計險」。

⑬御將，不勝　按，御，制也。見史記范雎蔡澤傳索隱。御將，言將軍爲君主所制。進退由君不由將，則不勝也。説苑指武：「將率受命者，將率入，軍吏畢入，皆北面再拜稽首，受命。天子南面

而授之鉞，東行西面而揖之，亦弗御也。」影本注釋引孫子謀攻：「將能而君不御者勝。」與簡文同意，是也。

⑭乖將，不勝　按，賈子道術：「剛柔得適，謂之和。反和爲乖。」廣雅釋詁二：「乖，背也。」釋詁三：「乖，離也。」乖將，蓋謂君主與將軍相乖。

⑮不用間，不勝　按孫子用間云：「非聖智不能用間。」間，即間諜。孫子又云：「知己知彼，百戰不殆。」知彼，不可不用間。

⑯勝在盡□，明賞，撰卒，乘適（敵）之□，是胃（謂）泰武之葆　按，原簡盡下一字缺，據下文「一曰信，二曰忠」，此缺文當是忠字。「乘適之」下缺文尚存末筆，當是獘字，獘亦作弊。戰國策秦策二：「韓楚乘吾弊，國必危矣」，注：「弊，極也。」胃，即謂。葆，與寶同。馬王堆帛書老子甲本、乙本及乙本前古佚書，以及戰國縱横家書，謂字皆作胃，寶字皆作葆，或易玉旁作⿱艹⿰王呆。泰，同太。大中之大謂之太。「太武之寶」言盡忠、明賞、選卒、乘敵之弊四者是最大的武事法寶也。

⑰安忠＝王，安信＝賞，安敢＝去不善　按，讀爲：「安忠？忠王。安信？信賞。安敢？敢去不善。」

⑱百生（姓）　影本釋百姓。今按，古生姓二字通。尚書汨作九共稾飫序：「别生分類。」以生爲姓。禮記曲禮「納女於天子曰備百姓」，鄭注：「姓之言生也。」此文「百姓弗德」「百姓弗畏」皆指士卒，士卒來自農民者也。

月戰

月戰

●孫子曰：間於天地之間，莫貴於人。戰□□□□不單，天時、地利、人和①，三者不得，雖勝有央②，是以必（一）付與而□戰③，不得已而後戰。故撫時而戰④，不復使其衆⑤。无方而戰者，小勝，以付磿者（二）也⑥。●孫子曰：十戰而六勝，以星也⑦。十戰而七勝，以日者也。十戰而八勝，以月者也。十戰而九勝，月有（三）〔上缺約二十四字〕而十勝，將善而生過者也⑧。一單（四）……（此處當缺一簡）所不勝者也五，=者有所壹，不勝⑨。故戰之道，有多殺人而不得將卒者，有得將卒而不得舍者，（五）有得舍而不得將軍者，有復軍殺將者。故得其道，則雖欲生，不可得也。八十（六）

右月戰篇，據影本共爲四簡，篇題「月戰」寫在第一簡簡背。第四簡斷去上截，缺二十餘字，僅存下端十二字，文章未完，下面至少缺一簡。

第五第六兩簡，影本入附録，注釋云：「兩簡字體與本篇相近，故附録於此。」又曰：「末簡所記之『八十』，當爲一段之字數，而非全篇字數。此二簡共六十二字（按：連重文應爲六十三字），較八十字少十八字，約當半簡地位，可見此段文字乃接抄於他段文字之後，而非單獨成篇者。」

今按第五第六兩簡自爲文，與前不連，而計爲八十，亦莫解其故。若如影本所言是抄於他段文字之後者，則何以獨爲計數，且與實有字數不符耶？不可解釋，存疑可也。

月戰全文僅存兩章，各有圓點爲標誌。第二章不全，未悉下缺若干。觀此殘文，其所論乃戰爭與天象——特别是日、月、星之關係。漢書藝文志兵書略有兵陰陽家，志云：「陰陽者，順時而發，推刑德，隨斗擊，因五勝，假鬼神而爲助者也。」按志所謂「順時」，即順天時；「刑德」，刑，十二辰也，德，十日也；「斗擊」，北斗所指，北斗之神有雌雄，十一月始建於子，月徙一辰，雄左行，雌右行，一歲而匝，終而復始，北斗所擊，不可與敵；所謂五勝，即指五行相勝。以上具見淮南子天文兵略及注。兵略曰：「明於星辰日月之運，刑德奇賅之數，背鄉（向）左右之便，此戰之助也。」可見此種帶有濃厚的迷信色彩的唯心學説，却甚爲古代兵家所重視。本篇所論，深受此種學説之影響，其文辭殘缺，多不可明解，而漢書藝文志所載之兵陰陽十六家二百四九篇，全部亡佚，無以比勘本篇矣。

影本注釋指出兩項材料，可供參考：

（一）管子四時篇：（摘要）

管子曰：「令有時，無時則必視，順天之所以來。刑德者，四時之合也。刑德合於時則生福，詭則生禍。東方曰星，其時曰春，其氣曰風，……此謂星德。南方曰日，其時曰夏，其氣曰陽，……此謂日德。中央曰土，土德實輔四時出入，……此謂歲德。西方曰辰，其時曰秋，其氣曰陰，……此謂辰德。北方曰月，其時曰冬，其氣曰寒，……此謂月德。日掌陽，月掌陰，星掌和。陽爲德，陰爲刑，和爲事。是故日食則失德之國惡之。月食則失刑之國惡之。彗星見，則失和之國惡之。風與日爭明，則失生之國惡之。是故聖王日食則修德，月食則修刑，彗星見則修和，風與日爭明則修生。此四者，聖王所以免於天地之誅也。

此文說明，日、月、星，非指太陽、月亮和衆星，可知本篇所言「十戰而六勝，以星也」等語皆與此刑德之說有關。

（二）左傳成公十六年：

晉楚戰於鄢陵。晉郤至曰：「楚有六間，不可失也。其二卿相惡，王卒以舊，鄭陳而不整，蠻軍而不陳，陳不違晦，在陳而囂，合而加囂。各顧其後，莫有鬭心；舊不必良，以犯天忌，我必克之。」杜預注：「晦，月終，陰之盡，故兵家以爲忌。」孔穎達疏：「日爲陽精，月爲陰精。兵尚殺害，陰之道也。行兵貴月盛之時。晦是月終，陰之盡也，故兵家以晦爲忌，不用晦日陳兵也。」

由這兩項材料大致可以看到古代兵陰陽學說的內容。史記匈奴傳載：匈奴「舉事而候星月，月盛壯則攻戰，月虧則退兵。」此種學說，到漢代，即使匈奴也深信不疑。本篇題曰「月戰」而不曰「星戰」

「日戰」者蓋有由焉。

雖然如此，古代開明軍事家固未嘗不更重人事。尉繚子天官：「梁惠王問尉繚子曰：『黄帝刑德，可以百戰百勝，有之乎？』尉繚子對曰：『刑以伐之，德以守之，非所謂天官、時日、陰陽、向背也。黄帝者，人事而已矣。』」淮南子兵略云：「明於星辰日月之運，刑德奇賅之數，背鄉（向）左右之便，此戰之助也，而全亡焉。良將之所以必勝者，恒有不原之智，不道之道，難以衆同也。」又云：「加巨斧於桐薪之上，而無人力之奉，雖順招摇（即斗擊），挾刑德，而弗能破者，以其無勢也。」凡此並謂無論天時如何有利，若無人事則不能有勝。本篇内容，首先强調人：「間於天地之間，莫貴於人」；其次强調時歷：「撫時而戰」，「小勝以付歷者也」；最後復歸於人：「十戰而十勝，將善而生過者也。」

【注釋】

①天時、地利、人和　按，此語先秦書屢見，而皆以人事爲重。孟子公孫丑下：「天時不如地利，地利不如人和。」荀子王霸：「上不失天時，下不失地利，中得人和，而百事不廢。」富國：「上失天時，下失地利，中失人和，天下敖然若燒若焦。」此儒家之説也。尉繚子戰威：「天時不如地利，地利不如人和。聖人所貴，人事而已。」武議引此數句，斷曰：「古之聖人，謹人事而已。」此兵家之説也。均可參照。

②雖勝有央　影本注釋：「央，借爲殃。」今按，馬王堆帛書老子甲本、乙本，殃並作央。管子四時：「作事不成，必有大殃。」説文：「殃，咎也。」

③是以必付與而□戰　按，戰字上缺文，原簡尚存殘痕，似「以」字。付，通附。周禮小司寇「附於刑」，注：「附，故書作付。」附者，依倚之意。與，相與也。此句蓋言天時地利人和三者相附與於我，乃可戰。

④故撫時而戰　按，摹本撫作撫，審原簡作撫是。史記歷書「撫十二節，卒明」，正義：「撫，猶循也。」撫時而戰，意即循天時而戰。

⑤不復使其衆　按，此言一戰而勝，不必重復聚衆興師。孫子作戰：「善用兵，役不再籍，糧不三載。」不復使其衆，猶役不再籍。

⑥无方而戰者，小勝，以付磿者也　按，本書十陣「⿰酉尃中厚方」，方借爲旁。旁與傍通，漢書食貨志注：「傍，依也。」李尋傳注：「傍，附也。」无方猶无附也。磿，即歷。史記樂毅傳「故鼎反乎磿室」，戰國策燕策二作歷。秦策四「王又割濮磿之北屬之燕」，新序作濮歷。馬王堆帛書十大經：「數日，磿月，計歲，從當日月之行。」磿月即歷月。此字古初作秝，後作厤，孳乳作磿，作歷，又從日作曆，今簡化作历。爾雅釋詁：「歷，數也。」漢書司馬相如傳注：「歷，猶算也。」推算歲時節候之法曰曆（歷）。此句言作戰，於其他條件無所依據，而獲小勝者，以有符於曆數故也。

⑦十戰而六勝，以星也　按，準下文例，「以星」下脱「者」字。「以星者也」、「以日者也」、「以月者也」，日、月、星蓋皆歷數之稱，其所以勝，未聞，待考。

⑧〔上缺約二十四字〕而十勝，將善而生過者也　影本注釋：「過，疑當讀爲禍。」今按，簡文「而十勝」上所缺當爲「十戰」二字。十戰而十勝，將善反生禍，於文不通。此過字當是超越之意，言十戰而十勝是由於將軍善用兵，超越了歷數。呂氏春秋論威：「治亂安危（治亂世，安危國），過勝之所在也。過勝之勿求於他，必反於己。」重視人事，正應上文「間於天地之間莫貴於人」之語。

⑨所不勝者也五，五者有所壹，不勝　按，此下兩簡，文與上不連，疑不屬本篇。將卒，蓋指卒長之

類，猶史記陳涉世家諸尉之長稱將尉。舍，謂營舍。復，借爲覆。此文大意似謂：勝中若有不勝，不得爲全勝，故云五者有所壹，不勝。即五者之中有一條不勝，仍不算勝。多殺人，勝矣；而不得將卒爲不勝。得將卒，勝矣；而不得舍爲不勝。得舍，勝矣；而不得將軍爲不勝。覆軍殺將，可爲全勝。若獲全勝，必得其道。得其道，敵雖欲生，不可得也。末句「則」當爲「敵」之誤，或「則」下脱「敵」字。

八陣

八陳（陣）①

孫子曰：知不足，將兵，自侍（恃）也。勇不足，將兵，自廣也。不知道，數戰不足，將兵，幸也②。夫安（一）萬乘國③，廣萬乘王④，全萬乘之民命者，唯知＝道＝者，上知天之道，下知地之理，内得（二）其民之心，外知適（敵）之請（情）⑤，陳則知八陳之經。見勝而戰，弗見而諍⑥，此王者之將也。（三）

孫子曰：用八陳戰者，因地之利，用八陳之宜。用陳參（三）分⑦，誨陳有蓳，誨逢有後⑧，皆侍（待）令而動⑨。鬪一（四）

守二，以一侵適（敵），以二收〈⑩。適（敵）弱以亂⑪，先其選卒以乘之⑫，適（敵）强以治，先其下卒以誘之⑬。車騎與戰者⑭，分（五）以爲三〈，一在於右，一在於左，一在於後。易則多其車，險則多其騎，厄則多其弩⑮。險易必知生地（六）死地，居生毄（擊）死。　二百一十四　八陳（七）

右八陣篇，共七簡，無缺文，首簡簡背有篇題「八陳」二字，末簡有字數統計，復有篇題「八陳」二字，全篇極完整。原簡自計全文爲二百一十四字，今覆核，七簡包括兩個重文，實有二百零九字，少五字，與原數不合。

陳，即陣字，古書常見。全文分兩章，俱以「孫子曰」起頭，與篡卒、月戰等篇體例相同。章前未加圓點符號，文中特應注意的句絶處，則加〈號提醒，共兩處，與他篇有異。

此文首章言將軍用陣條件，即首先要「知道」，其次要有智有勇，强調見勝而戰。次章言用陣之法，即因地利，用陣宜，佈陣有鋒有後。文中並不機械地叙述陣形分合，而是闡述陣法作用及其運用之靈活性，思想觀點富有實際意義。

【注釋】

①八陳（陣）　按，陳即陣，本作敶，古籍多省作陣，陣爲後起字，約始於東漢。八陣，乃古之基本陣

法，詳附八陣考。

②知不足，將兵，自侍（恃）也。勇不足，將兵，自廣也。不知道，數戰不足，將兵，幸也　影本注釋：「以上數句語意不甚明瞭。」今按，知讀爲智，本書簡文知、智通用。侍，借爲恃，馬王堆帛書老子乙本及乙本前古佚書並借侍爲恃。史記高祖本紀：「高祖乃心獨喜自負」，集解應劭曰：「負，恃也。」自恃即自負。廣，疑爲獷之借。獷，猛也，粗獷也。道，指天道、地理、民心、敵情、軍陣，見下文。此數句言，没有足够的才智而去帶兵，是自負；没有足够的勇氣去帶兵，是莽撞；不懂有關軍事的客觀規律去帶兵，那就只有靠徼幸。

③安萬乘國　按，乘指兵車。古代國有萬輛兵車爲大國，故萬乘借指大國。

④廣萬乘王　按，廣借爲光。水經濟水注：「齊人言廣，音與光同。」廣謂發揚光大。

⑤外知適（敵）之請（情）　按，請借爲情。情指敵人的真實情況。

⑥弗見而諍　影本注釋：「諍，疑當讀爲静。」今按，非也，當讀本字。廣雅釋詁四：「諍，諫也。」古書多作争。孝經：「天子有争臣，士有争友，父有争子。」注：「諫也。」荀子臣道：「有能進言于君，用則可，不用則死，謂之争。」蓋將軍受王命，弗見勝，戰無把握，當諫王勿戰也。

⑦用陳參（三）分　按，參同三，本書參三通用。此句謂：將全軍兵力分爲三份。用意是保有三分之二的兵力，不要孤注一擲，故下文云「鬬一守二」。

⑧誨陳有蘁，誨逢有後　影本釋誨爲每，釋蘁、逢爲鋒，又謂「每字用以修飾名詞，古書罕見」。今按，本書官一篇，鋒作蘁，勢備篇作蜂作封，皆假借也。鋒，謂前鋒，後謂後隊，前鋒利攻，後隊備接應。

每，逐指事物之詞，論語八佾：「子入太廟每事問。」正以修飾名詞，非罕見也。但此文，誨讀本字亦通，説文：「誨，曉教也。」言將軍曉教各陣有鋒有後，亦可。

⑨皆侍（待）令而動　按，侍讀爲待，本書及同出竹簡孫子兵法、尉繚子、馬王堆帛書皆同。儀禮士昏禮：「媵侍于户外。」今文作待。待令而動，候軍令而動作。

⑩鬪一守二，以一侵適（敵），以二收＜　按，此言三分其軍，臨戰以三分之一犯敵戰鬪，以三分之二保持守勢爲後勁。鬪，戰鬭，篆文作鬭，隸省作鬪。收者放之反，言收聚整齊。荀子議兵：「故制號令，欲嚴以威；慶賞刑罰，欲必以信；處舍收藏，欲周以固。」收謂舍止未戰也。楊倞注謂收藏財物，非。＜爲句號，簡文往往於斷句緊要處用之。

⑪適（敵）弱以亂　按，以，用同而。下同。

⑫先其選卒以乘之　按，選卒即篡卒力士，見篡卒篇及注。乘，加也，陵也。敵弱而亂，先以我之選卒陵加之。

⑬先其下卒以誘之　按，下卒指一般兵卒。敵强而治，先以我之下卒誘之使勞，以削弱其强力。

⑭車騎與戰者　影本注釋：「與，參與。」今按：是也。上言兵卒之陣法，此言車騎之陣法。馬施鞍轡曰騎。古代用車戰，戰國始用騎戰。吕氏春秋無義：「公孫鞅因伏卒與車騎以取公子卬。」戰國策齊策一：「使輕車鋭騎衝雍門。」本篇亦言車騎，可見此時車騎在戰争中已佔重要地位。

⑮易則多其車，險則多其騎，厄則多其弩　影本注釋：「易，平地。厄，隘塞之地。」今按，此言平地作戰，車易行，故多其車。山地作戰，馬易行，故多其騎。隘塞之地，行動不便，故多其弩。

附：八陣考

陣者，軍伍行列之稱也。自有軍伍，即當有陣法。上古荒邈，陣法不傳，春秋時代，史書偶載之，如左傳桓五年，鄭爲「魚麗之陣」，哀十七年，越爲「左右勾卒」，然語焉不詳，其制未明。

周禮大司馬曰：「中春，教振旅，司馬以旗致民，平列陣，如戰之陣，辨鼓鐸鐲鐃之用。王執路鼓，諸侯執賁鼓，軍將執晉鼓，師帥執提，旅帥執鼙，卒長執鐃，兩司馬執鐸，公司馬執鐲，以教坐作進退疾徐疏數之節。遂以蒐田。有司表貉，誓民，鼓，遂圍禁。」此乃仲春狩獵習武，月令章句所謂「武事不可空設，必有以誡，故寄教於田獵，閑肄五兵。」此文「平列陣，如戰之陣」，雖是演習，已具戰陣之梗概。

東漢立秋之日行郊禮，亦有揚威武之事。後漢書禮儀志：「遣使者齎束帛以賜武官。武官肄兵，習戰陣之儀、斬牲之禮，名曰貙劉。兵官皆肄孫吴兵法六十四陣，名曰乘之。」於時，陣法演變已有六十有四。

孫臏兵法有八陣篇，「八陣」果何義耶？

考三國蜀志諸葛亮傳：「（亮）推演兵法，作八陣圖。」杜甫詩：「功蓋三分國，名成八陣圖。江流石不轉，遺恨失吞吴。」即咏諸葛孔明八陣圖者也。八陣圖，後人考其遺跡，聚石爲之，今傳其處有三：一在陝西沔縣（勉縣）東南諸葛亮墓東。（水經沔水注）一在四川奉節縣南大江邊。（寰宇記）一在四川新都縣北三十里彌牟鎮。（大明一統志）杜詩詳注引成都圖經云：「武侯八陣有三：在夔（奉節）者六十有四，方陣法也。在彌牟鎮者二十有八，當頭陣法也。在棋盤市者二百五十有六，下營陣法也。」凡所言數字，皆謂聚石堆數。八陣圖既多處有之，又其聚石數異，好事者故弄玄虚，點綴風景，固不足以考見八陣之法。

八陣之見於兵書者，其説有二：

一、以八陣爲八種陣法，有以方、圓、牝、牡、衝、輪、浮沮、雁行爲八陣者，有以休、傷、生、杜、景、死、驚、開爲八陣者，（見武備志）其説雜而玄。

二、以八陳爲一陣八體。唐李筌太白陰經云：「黄帝設八陣之形，天陣居乾爲天門，地陣居坤爲地門，風陣居巽爲風門，雲陣居坎爲雲門，飛龍居震爲飛龍門，武翼居兑爲武翼門，鳥翔居離爲鳥翔門，蛇盤居艮爲蛇盤門。天、地、風、雲，爲四正門，龍、虎、鳥、蛇，爲四奇門。乾、坤、艮、巽，爲闔門，坎、離、震、兑爲開門。」今辭海引兵略纂聞云：「黄帝按井田作八陣法，以破蚩尤，古之名將知此法者，惟姜太公、孫武子、韓信、諸葛孔明、李靖諸人而已。其名之曰天、地、風、雲、龍、虎、鳥、蛇者，則孔明也。」

以上二説，比照孫臏兵法八陣篇，當以第二説爲長。其説雖僞託黄帝，用語玄妙，但謂一陣八體，則近實也。李衛公問對卷上：「太宗問曰：『天地風雲龍虎鳥蛇，斯八陣何義也？』靖曰：『傳之者誤也。古人秘藏此法，故詭設八名耳。八陣本一也，分爲八焉。若天地者，本乎旗號；風雲者，本乎幡名；龍虎鳥蛇者，本乎隊伍之别。後世誤傳，詭設物象，何止八而已乎！』太宗曰：『數起於五而終於八，則非設象，實古制也，卿試陳之。』靖曰：『臣按黄帝始立丘井之法，因以治兵。故井分四道，八家處之，其形井字，開方九焉，五爲陣法，四爲閑地，此所謂數起於五也。虚其中，大將居之，環其四面，諸部連繞，此所謂終於八也。及乎變化制敵，則紛紛紜紜，鬬亂而法不亂，混混沌沌，形圓而勢不散，此所謂散而成八，復而爲一者也。』」

問對述八陣之法，極簡而明，可以圖表示之。

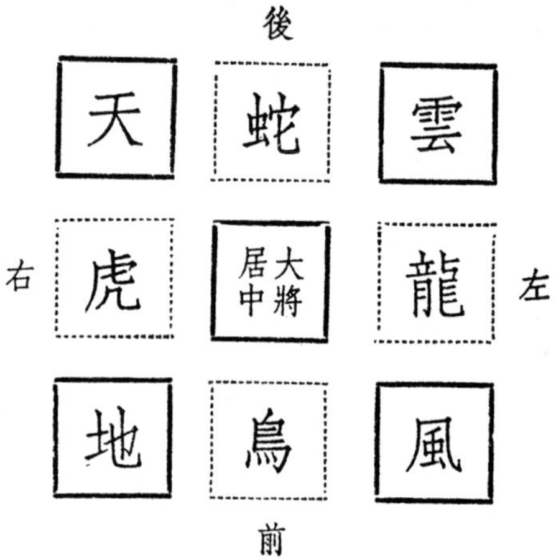

這是基本陣法，將全軍分爲八個部分，大將居中，八部連繞於四周，各予以代號，天地風雲龍虎鳥蛇即代號也。行軍作戰，即在此基礎上加以變化，有時省爲五部，即將四角或四面省去，所謂「五爲陣法」。分合進退，由大將指揮，即「中軍握奇」。握奇者，握機也。

李衛公問對，係後人集録唐太宗與李靖論兵之語而成者，書出宋代，傳爲阮逸所撰。四庫提要云：「七書之制，斷爲唐代舊文，特其書（指問對）分别奇正，指畫攻守，變易主客，於兵家微意時有所得。」觀其所述八陣，亦頗與孫臏相合，其所云「八陣本一」，即孫臏之「用八陣戰」；所云「變化制敵」，即孫臏之「因地之利，用八陣之宜」。八陣本爲一體，而稱爲「八陣」者，兵家之習慣用語也。（張震澤）

地葆

孫子曰：凡地之道，陽爲表，陰爲裏，直者爲剛，術者爲紀。＝剛則得，陳乃不惑①。直者毛産，術（一）

者半死②。凡戰地也，日其精也③。八風將來，必勿忘也④。絶水、迎陵、逆溜、居殺地、迎衆樹者，鈞舉（二）

也⑤，五者皆不勝。南陳之山，生山也；東陳之山，死山也。東注之水，生水也；北注之水，死水。不留死水也⑥。（三）

五地之勝，曰：山勝陵，＝勝阜，＝勝陳＝丘＝勝林平地⑦。五草之勝，曰：藩、棘、椐、茅、莎⑧。五壤之勝：青（四）

勝黃，=勝黑，=勝赤，=勝白，=勝青⑨。五地之敗，曰：谿、川、澤、㳿⑩。五地之殺，曰：天井、天宛、天離、天垒、天(五)柖⑪。五墓殺地，勿居也，勿□也。春毋降，秋毋登⑫，軍與陳皆毋政前右⑬，=周毋左周⑭。

● 地葆　二百(六)

右地葆篇，共六簡，全文僅缺一字，題目寫在篇後，題目上有圓點標誌，下有字數統計。各簡字數不等，除重文不計外，全文共爲二百字，與原統計數字相合。

此篇書法絶佳，與陳忌問壘篇相類。

篇題「地葆」，影本未釋。今按，篡卒篇葆借爲寶，本篇葆當通保，馬王堆帛書戰國縱橫家書保作葆，莊子田子方「葆真」，釋文：「本作保。」

八陣篇云：「知道者，上知天之道，下知地之理。」月戰講天道，本篇即講地理也。文中言地有生地死地，山壤草木相勝，以生死剋勝相對而言，辨其善惡取舍，多言不可居以反證可居，則葆字乃取保有、保守之義，猶言其地可保，故題「地葆」。其所論，有的尚符實際，如言五墓殺地之不可居；有的不近科學，如言五壤之相勝。是是非非，作爲古代兵家學説之一個方面來看也可。

【注釋】

①直者爲剛，術者爲紀。紀剛則得，陳乃不惑　直，影本未釋。今按呂氏春秋必己「弗敢直視」，注：

「正也。」禮記樂記「其聲直以廉」，疏：「謂不邪也。」直者，蓋指平正之地。術，影本注釋讀爲「屈」。今按，非是。術是道路，字亦作遂，作隊，作隧。術之爲道路，多指兩旁高中間低的道路。如詩大雅桑柔：「大風有隧，有空大谷。」左傳襄公十八年：「連大車以塞隧。」國語魯語下：「具舟除隧。」莊子馬蹄：「山無蹊隧。」廣雅釋室：「隊，道也。」釋宮：「術，道也。」術、隧、道同訓。剛紀即綱紀。綱，本義爲大繩。紀，説文：「別絲也。」詩大雅棫樸「綱紀四方」，箋云：「張之爲綱，理之爲紀。」此四句蓋謂相視地形以陳軍，以平正之地爲主（綱），旁有道路相通爲紀，如此則進退自如，陣乃不惑。

②直者毛產，術者半死　影本注釋：「毛與産並有生長之義。」今按，直者生長，不辭。左傳昭公七年「食土之毛」，注：「毛，草也。」穀梁傳定公元年「毛澤未盡」，注：「凡地之所生謂之毛。」周禮載師「宅不毛者有里布」，鄭司農云：「宅不毛者，謂不樹桑麻也。」直者毛產，蓋謂平廣正陽之地百草百穀所生，易供人馬之食用，故可爲軍陣之綱。古行軍車馬多，所以特別注意駐地水草之有無。術爲兩旁高中間低的道路，可以通往來，但不便於兵車迴旋，故爲半死之地，可爲紀而不可爲綱。

③凡戰地也，日其精也　影本注釋：「此二句未詳。」引孫子虛實：「故知戰之地，知戰之日，則可千里而會戰。不知戰地，不知戰日，則左不能救右，右不能救左，前不能救後，後不能救前。」今按，影本注釋似以「日」爲吉凶之日，然下文日風連言，日實指太陽。孫子行軍：「凡軍好高而惡下，貴陽而賤陰，養生而處實，軍無百疾，是謂必勝。丘陵隄防，必處其陽而右背之，此兵之利，地之助也。」吴子應變：「凡用車者，陰濕則停，陽燥則起，貴高賤下。」凡此可爲「日其精也」之注脚。

④八風將來，必勿忘也　按吴子治兵：「將戰之時，審候風所從來，風順，致呼而從之，風逆，堅陣以

待之。」風之順逆對戰爭勝負極有關係，故「八風將來，必勿忘也。」八風，八方之風。八方之風各有風名，吕氏春秋有始覽：「何謂八風？東北曰炎風，東方曰滔風，東南曰熏風，南方曰巨風，西南曰淒風，西方曰飂風，西北曰厲風，北方曰寒風。」亦見淮南子地形、史記律書、説文解字，但風名各有異同。

⑤絶水、迎陵、逆溜、居殺地、迎衆樹者，鈞舉也　按，絶水，孫子行軍「絶水必遠水」，直解曰：「軍行過水，必去水稍遠而舍止，一則引敵使半渡而擊之，一則使我進退無礙。」迎陵，孫子軍争：「高陵勿向，背丘勿逆。」尉繚子天官：「背水陣爲絶地，向坂陣爲廢軍。」逆溜，影本讀爲逆流。今按，急流爲溜，讀去聲，讀流恐非。孫子行軍：「無迎水流。」水流亦當作水溜。軍處急溜之下游，敵易攻而我難防。居殺地，殺地即死地、絶地。孫子九變：「絶地無留。」迎衆樹，孫子行軍：「若交軍於斥澤之中，必依水草而背衆樹。」衆樹既礙視綫，又礙軍行而易被火攻。鈞舉，鈞同均，舉，去也。楚辭「願離羣而遠舉」，注：「去也。」言上述諸地，均應離而去之。

⑥南陳之山，生山也；東陳之山，死山也。東注之水，生水也；北注之水，死水。不留死水也　今按「北注之水死水」下，當奪「也」字。此數語最難解釋，愚謂：陳，列也。「不留死水」作一句讀。此段文意蓋言，假如南列之山是生山，則東列西列北列之山皆爲死山。假如東注之水是生水，則北注南注西注之水皆爲死水。死水之地，不能停留。此文蓋言東陳，則包西陳北陳；言北注，則包南注西注；斯乃古書舉一反三之例，俞樾古書疑義舉例卷二「舉此以見彼例」言之綦詳，可參看。不然，若不如此理解，則文不言西，豈西陳西注之山水俱無生死之别乎？且戰争中生死之地不是絶對的，往

往因形勢轉移而有變化，不可能所有南陳之山都是生山、東注之水永爲生水，而此外諸山水又統爲死山死水。此説未知是否？録以備考。

⑦五地之勝，曰：山勝陵，陵勝阜，阜勝陳丘，陳丘勝林平地　按孫子行軍言：「凡軍喜高而惡下。」本篇五地之勝：山、陵、阜、陳丘、林平地，都是居高臨下之意，與孫子之言一致，言占此五地可致勝。陳丘，或以詩陳風「宛丘」釋之，毛傳：「四方高，中央下，曰宛丘。」今按，四方高，中央下，地形不利，不得言勝林平地。爾雅釋宮「堂途謂之陳」，注：「堂下至門徑也。」陳丘，蓋如堂途之丘，既高於平地，又平易便行。

⑧五草之勝，曰：藩、棘、椐、茅、莎　按，孫子行軍：「必依水草而背衆樹。」五草之勝當指行軍所依，藩爲上，棘、椐、茅、莎，等而下之。藩，草木叢生可爲藩蔽者。棘，荆棘有刺可以難敵者。椐，釋名釋宮室：「籬以柴木爲之，青徐之間曰椐。」墨子備城門有治椐法。字亦作㯫。玉海：「㯫，藩落籬。」知椐指草木若籬落者。茅、莎皆草名，茅高四五尺，莎高尺餘，故莎不勝茅。或説：茅借爲莽，漢書景帝紀：「地鐃廣薦草莽水泉。」如淳曰：「草稠如薦，深如莽。」

⑨五壤之勝：青勝黄，黄勝黑，黑勝赤，赤勝白，白勝青　按，古以青、黄、黑、赤、白爲東、中、北、南、西五方色，配木、土、水、火、金爲五行。説文云：「青，東方色也。」「赤，南方色也。」「白，西方色也。」「黄，地之色也。」又云：「木，東方之行。」「土，地之中。」「水，北方之行。」「火，南方之行。」「金，西方之行。」五色與五行相當，青黄黑赤白相當於木土水火金。淮南子地形：「木勝土，土勝水，水勝火，火勝金，金勝木。」推之則爲青勝黄，黄勝黑，黑勝赤，赤勝白，白勝青。青黄黑赤白代表五種土壤相

生相勝的性質，非指五壤之顏色。淮南子地形又據以推衍爲五土之氣，即正土（中土）之氣，偏土（東方土）之氣，牡土（南方土）之氣，弱土（西方土）之氣，牝土（北方土）之氣。愈演愈陷入神秘。五壤之勝有濃厚的迷信色彩，反映了孫臏的局限性。

⑩五地之敗，曰：谿、川、澤、⿰氵㡿　按，簡文稱五地，下僅列四地，疑谿下脱谷字。澤下一字，原簡殘存右旁，當是⿰氵㡿字，⿰氵㡿即㡿，今作斥。禹貢：「海濱廣斥。」鄭注：「謂地鹹鹵。」即鹽鹹地。史記作潟，貨殖傳：「地潟鹵。」孫子九地：「絶斥澤，惟亟去勿留。」陳皥曰：「斥，鹹鹵之地，水草惡，漸洳，不可處軍。」本文言谿、谷、川、澤、斥五地，不可處軍，處軍必敗也。

⑪五地之殺，曰：天井、天宛、天離、天⿰土𧮫、天柖　影本注釋引孫子行軍：「凡地有絶澗、天井、天牢、天羅、天陷、天隙，必亟去之，勿近也。」所言六害與本文五殺略同。天井，孫子曹操注：「四方高，中央下，爲天井。」杜牧注：「地形坳下，大水所及，謂之天井。」天宛，孫子無。影本注釋謂即「所以養禽獸」之苑。今按，非也。宛當釋眢，左傳宣公十二年「目于眢井而拯之」，釋文：「眢，廢井也。」引字林：「井無水也。」詩陳風「宛丘」之宛，當與宛同，毛傳：「四方高，中央下，爲宛丘。」蓋有水爲井，無水爲宛（眢）也。天離，影本注釋謂即孫子之天羅，今按是也。離、羅，古音同通用。孫子曹操注：「可以羅絶人者爲天羅。」杜牧注：「林木隱蔽，蒹葭深遠，謂之天羅。」天⿰土𧮫，影本注釋謂即孫子之天隙。今按⿰土𧮫即郄字，亦作郤，通作隙。莊子知北遊「若白駒之過郤」，漢書魏豹傳作「若白駒之過隙」。孫子曹操注：「山澗道狹，地形深數尺、長數丈者，爲天隙。」杜牧注：「地多溝坑坎陷木石，謂之天隙。」天柖，柖字，本書兵情篇作昭，又作召，十陣篇作召，銀雀山竹簡本孫子作韶，他書又作招。

呂氏春秋本生「萬人操弓，射其一招」，高注：「招，埻的也。」同書別類「射招者欲其中小也」，高注：「招，埻藝（槷）也。」戰國策楚策四：「以其類（頸）爲招。」魏策稱「招質」，齊策稱「鵠的」，名稱不同，都指箭靶。柖、招、召、昭、韶，乃一字之變。今本孫子之「天陷」，疑即「天柖」之誤。天柖指目標明顯，易受攻擊的地方。

⑫春毋降，秋毋登　影本注釋：「春毋降，秋毋登，當是古代用兵時的一種迷信禁忌。」今按，此説非是。此文春，猶言春夏，秋，猶言秋冬。原來上古一年只分春秋二季，後來才由春秋二季分出夏冬，成爲四季。戰國時期尚有舊習殘留，如莊子逍遥遊：「蟪蛄不知春秋。」又：「楚之南有冥靈者，以五百歲爲春，五百歲爲秋。」言春秋而不言冬夏。戰國時期稱四季者，其排列次序亦不作「春夏秋冬」，而是在「春秋」之後加上「冬夏」，如墨子天志中：「制爲四時，春秋冬夏。」管子幼官圖：「修春秋冬夏之常祭。」禮記孔子閒居：「天有四時，春秋冬夏。」省言則往往單舉春秋而省冬夏，如楚辭九辯：「春秋逴逴而日高兮。」此謂年齒高，一歲不言冬夏。詩魯頌閟宮「春秋匪解」，箋云：「春秋猶四時也。」疏云：「作者錯舉春秋，以明冬夏。」孔子删魯史爲春秋，不更題春夏秋冬之書。是知言春可以包夏，言秋可以包冬。降，謂降居低地，登謂登上高地。春夏草木茂，雨水多，故毋降；秋冬草木枯落，高處水泉少，故毋登。

⑬軍與陳皆毋政前右　按，政，當讀爲正。古兵家認爲「右背山陵，前左水澤」是最好的地理形勢，此言不使五墓殺地正當軍陣前右也。

⑭右周毋左周　影本注釋引孫子占（太平御覽卷三二八）：「三軍方行，大風飄起於軍前，右周絶軍，

其將亡』，右周中，其師得糧。」其中有「右周」之語，但不易理解，且涉迷信。愚謂本篇「周」當爲迴旋之意，此蓋言五墓殺地既不宜當軍陣前右，則軍陣移動宜右旋，而不宜左旋矣。

勢備

埶（勢）備①

孫子曰：夫陷齒戴角，前蚤後鋸②，喜而合，怒而斵③，天之道也，不可止也。故无天兵者自爲備，聖人之事〔一〕也。黄帝作劍，以陳（陣）象之。笄作弓弩④，以埶（勢）象之。禹作舟車，以變象之。湯武作長兵，以權象之。凡此四〔二〕者，兵之用也。何以知劍之爲陳（陣）也？旦莫（暮）服之⑤，未必用也，故曰陳（陣）而不戰。劍之爲陳（陣）也，劍无封（鋒），唯（雖）孟賁〔三〕□□不敢□□□⑥。陳（陣）无蠭（鋒），非孟賁之勇也敢將而進者，不智（知）兵之至也。劍无首鋌，唯（雖）巧士不能進⑦〔四〕□□。陳（陣）无後，非巧士敢將而進者，不知兵之請（情）者⑧。故有蜂（鋒）有後，相信

不動，適（敵）人必走⑨，无蜂（鋒）无後，（五）

□劵不道⑩。何以知弓奴（弩）之爲埶（勢）也？發於肩應（膺）之間⑪，殺人百步之外，不識其所道至⑫，故曰弓弩埶（勢）也。何以（六）

〔上缺〕之爲變也，高則（此爲簡尾）（七）

〔上缺〕何以知長兵之權也⑬？毄（擊）非高下非〔下缺〕（八）

〔上缺〕盧毀肩⑭。故曰長兵權也。凡此四〔下缺〕（九）

〔上缺〕得四者生，失四者死。〔下缺〕（一〇）

〔上缺〕中之近〔下缺〕（一一）

也。視之近，中之遠，權者⑮。晝多旗，夜多鼓，所以送戰也⑯。凡此四者，兵之用也。□皆以爲用，而莫徼其道⑰。（一二）

〔上缺〕功●凡兵之道四：曰陳（陣），曰埶（勢），曰變，曰權。察此四者，所以破强適（敵），取孟將也⑱。（一三）

〔上缺〕之有蠭（鋒）者，選陳（陣）謹也。爵⑲〔下缺〕

右勢備篇，影本共十二簡，附録二簡，合計十四簡。其中完整者七簡，殘缺者七簡。今據字體及上下文意，將原附録中「得四者生」一簡移入正文，原附録中「之有蘳者」一簡，因上下文不屬，仍作附録。調整之後，全篇正文共爲十三簡，附録一簡。

篇題「埶備」原寫在第一簡簡背，蓋取篇中「陳、勢、變、權、」及「无天兵者自爲備」之語以名篇。篇中論「陳、勢、變、權、」四事，而獨取「勢」字者，蓋以爲四者之中「勢」最重要。吕氏春秋慎勢云「孫臏貴勢」，正與此合。至於「備」字，本書見威王「事備而後動」，威王問「无備者傷」，又「攻其无備」，俱與本篇思想一致。

【注釋】

①埶（勢）備　按，埶即勢字，先秦經籍通作埶。

②陷齒戴角，前蚤後鋸　影本注釋讀陷爲含，讀蚤爲爪，讀鋸爲距，引淮南子兵略「凡有血氣之蟲，含牙戴角，前爪後距」爲證。今按，此説是也。陷、含音同通借。蚤，本作叉，説文：「叉，手足甲也。」詩小雅祈父：「予王之爪牙。」本或作蚤牙。荀子大略：「争利如蚤甲而喪其掌。」亦以蚤爲叉。今通作爪，與説文「覆手曰爪」意義有别。鋸、距通，説文：「距，雞距也。」（雞足後旁出之骨曰距。）近年出土戰國燕戈，其銘皆自名爲「鋸」（見三代吉金文存）。余原不解其意，今乃悟戈形本似雞距，故引申其義以爲名，而别造「鋸」字。在雞曰距，在兵曰鋸，音義可通。

③⿰豆斤　按，⿰豆斤是鬬之省文。

④⿰弓幷作弓弩　影本注釋：「⿰弓幷字小篆作羿，與⿰弓幷並从幵得聲，所以⿰弓幷可讀爲羿。」今按，傳説弓之發明

者，古書皆作羿，如墨子非儒「羿作弓」，呂氏春秋勿躬「夷羿作弓」，是也。羿，説文羽部作羿，弓部作芎，本篇作笄，並从幵不从廾。畢秋帆墨子注云：羿是羿之省文。本篇作笄者，愚謂由篆變隸；羽頭之字往往譌爲竹頭，如春秋時公子翬，馬王堆春秋事語魯桓公少章作公子篳。羿之作笄，亦其一例。世本云：「揮作弓，夷牟作矢。」夷牟恐亦爲夷笄、夷羿之譌變。

⑤旦莫（暮）服之　　按，莫爲暮之本字，旦暮猶早晚也，今山東尚有此語。服、佩古音同，淮南子説山「君子服之」，注：「佩也。」

⑥劍无封（鋒），唯（雖）孟賁□□不敢□□□　　按，此句有缺文，準下文此句當爲「劍无封，唯孟賁之勇不敢將而進」。封，及下文之夆、蜂，皆借爲鋒，指劍端可刺人處。唯，通雖，下同。荀子性惡「然唯禹不知仁義法正」，注：「唯，讀爲雖。」莊子庚桑楚：「唯蟲能蟲，唯蟲能天」，釋文：「唯，一本作雖。」禮記少儀「雖有君福」，注：「雖，或爲唯。」古雖唯通用。孟賁，人名，見孟子公孫丑上，注云：「勇士也。」史記范雎列傳「成荆、孟賁」，集解引許慎曰：「成荆，勇士。孟賁，衛人。」

⑦劍无首鋌，唯（雖）巧士不能進　　按，莊子則陽「吹劍首者，吷而已矣」，司馬注云：「劍首，謂劍環頭小孔也。」劍首即劍柄安環處。鋌，通莖，考工記「桃人爲劍，以其臘廣爲之莖圍」，鄭注：「莖，在夾中者，莖長五寸。」莖即鋌，即劍柄中連劍身部分，外夾以木，約之以絲，即成劍柄。首鋌通謂劍柄也。此句言劍若無柄，即使巧士也不能刺進。

⑧不知兵之請（情）者　　按，此句與上「不智兵之至也」句法相同，知、智通用，智用如知。知，即知道、懂得。此句「者」字疑爲「也」字抄誤。請與情通用。荀子成相：「聽之經，明其請。」請通情也。

本書情字皆作請。情，實也。禮記大學：「無情者不得盡其辭。」戰國策秦策二：「請謁事情。」注情皆訓實。

⑨故有蜂（鋒）有後，相信不動，適（敵）人必走　按，説文通訓定聲坤部：「信，假借爲𨻰（陳）。」舉左傳昭公二十五年「信罪之有無」，定公八年「盟以信禮」等例，謂諸信字皆爲陳列之意。本文信字亦當訓陳，言陣有前鋒有後隊，相陳而不變動，必能戰勝敵人。

⑩无蜂（鋒）无後，□券不道　按，此二句與上三句爲韵語，後、走、後、道，四字爲韵。有缺文，意義不明瞭。券，可能是倦字省文；道，疑當讀爲論語「道千乘之國」之道，包注：「道，治也。」蓋謂無鋒無後之陣倦弱不可治也。

⑪發於肩應（膺）之間　按，應，影本釋膺，是也。應即膺字，篆作𤸰𦟘，从心與从肉同。説文：「膺，胸也。」字亦从骨作𩪕。从心之應，後專用爲應當字。應對之應，別从言作譍，後亦借應爲之。

⑫不識其所道至　按，不識即不知。道猶由，禮記禮器「則禮不虛道」，注：「道，猶由也，從也。」此言其矢不知何由而飛至。

⑬何以知長兵之權也　影本注釋：「據上文，此句權字上應有爲字。」今按，是也。長兵指戈矛之屬，考工記：「廬人爲廬器，戈柲六尺有六寸，殳長尋有四尺，車戟常，酋矛常有四尺，夷矛三尋。」八尺曰尋，倍尋曰常，則長兵柄最長者達二丈四尺，短者亦六尺六寸。持此擊敵，擊刺範圍高下廣，持其柄端，高下隨意，如權之在衡，故云長兵之爲權。「擊非高下非」下有缺文，似謂非高下其手而能高下擊之。

⑭〔上缺〕盧毀肩　按，盧爲顱之省文。後漢書馬融傳「祋殳狂擊，頭陷顱碎」，注：「顱，額也。」此言

長兵可以遠擊敵之額肩。

⑮權者　按，「權者」下當脱「也」字，三字當屬上讀，全句爲「視之近，中之遠，權者也。」視之近中之遠謂弩矢，弩矢亦長兵也。上文以弓弩象勢，指弓弩能發矢；此言弩矢爲權，蓋取矢之彀遠中人如戈矛之爲權也。

⑯所以送戰也　影本無注。今按漢書食貨志「名曰株連送徒」，應劭曰：「送，致也。」左傳宣公十二年「以致晉師」，疏云：「致師，致其必戰之志。」然則送戰即致戰，謂致己方欲戰之志於敵人。此連上文似言視之近中之遠爲權，而多旗多鼓雖然也作用於敵人，爲敵人所聞見，但只是致戰。

⑰□皆以爲用，而莫勶其道　影本注釋：空圍殘存筆畫，疑是民字，釋勶爲徹，通也，達也。今按，馬王堆帛書老子甲本，徹亦作勶。徹爲漢武帝名，簡文不諱，因知此簡書寫在漢武帝之前。此文意爲：陣、勢、變、權四者，衆人皆用，而無人弄通其道理。

⑱察此四者，所以破强適（敵），取孟將也　按，本篇自第七簡以下諸簡，缺殘特甚，陣、勢、變、權四者，唯變説缺不詳。孟，通猛，管子任法：「莫敢高言孟行以過其情。」即以孟爲猛。猛，大也。

⑲之有蠭（鋒）者，選陳（陣）謹也。爵　按此簡上下缺，存者又僅簡之右半，因此所存九字各爲右旁，今以意補成九字，選字可能是撰字，謹字也可能是僅字。又，九字是否爲本篇之文，均未敢必也。

〔兵情〕

孫子曰：若欲知兵之請（情）①，弩矢其法也。矢，卒也。弩，將也。發者，主也。矢，金在前，羽在後，故犀而善走②。前〔一〕〔上缺〕今治卒則後重而前輕③，陳（陣）之則辨＜④，趣之適（敵）則不聽⑤，人治卒不法矢也。弩〔二〕者，將也。弩張，棅不正⑥，偏强偏弱而不和，其兩洋之送矢也不壹⑦，矢唯（雖）輕重得⑧，前後適，猷（猶）不中⑨〔三〕

〔上缺〕將之用心不和〔下缺〕〔四〕

〔上缺〕得，猶不勝適（敵）也。矢輕重得，前□〔五〕適，而弩張正，其送矢壹，發者非也，猶不中昭也。卒輕重得，前〔六〕

〔上缺〕兵□□□□□□□，猶不勝適（敵）也。故曰：弩之中穀，合於四，兵有功⑩。〔七〕

〔上缺〕將也，卒也，□也。故曰：兵勝適（敵）也，不異於弩之中召也。此兵之道也。〔八〕

〔上缺〕所循以成道也。知其道者，兵有功，主有名。〔九〕

右兵情篇，影本共八簡，附録一簡。今按，附録之一簡，爲簡之下端，其文已完，似爲本篇之末簡，字體文意皆與上文一致，今即移入正文，因此全文共爲九簡。

本篇原無標題，影本編者取首句「若欲知兵之請（情）」，題曰「兵情」，非原題，故加括號爲標誌，今仍之。影本注釋云：「本篇字體與前勢備篇相同，文章思路亦近，可能本是勢備篇之後半。」茲審全文，既無題目，又無字數統計，殊似某篇之一章，影本揣測不無理由。但其文集中論述者，乃治卒之法及將、卒、主之關係，與勢備篇之論陣、勢、變、權有別，仍當作爲獨立之篇。

【注釋】

①若欲知兵之請（情）　影本注釋讀請爲情。今按，是也。詳見勢備篇注。

②故犀而善走　影本注釋：「犀，利。走，疾行。」今按漢書馮奉世傳「器不犀利」，注引如淳曰：「今俗刀兵利爲犀。」

③今治卒則後重而前輕　影本注釋引吴子料敵：「齊性剛，其國富，君臣驕奢而簡於細民，其政寬而祿不均，一陣兩心，前重後輕，故重而不堅。」云：「以前重後輕爲非，與本篇不同。」今按吴、孫各言前重後輕，意義不同，吴起以爲非者，爲其君臣驕奢，簡於細民，將卒不和，一陣兩心也。孫臏以爲是者，蓋爲主將之用心和，便於趣卒攻敵也。孫臏貴勢，前重後輕，犀而善走，勢之所在也。

④陳（陣）之則辨　按此句下有句號＜。「辨」與「不聽」對言，辨常讀爲辦，古無辦字，借辨字爲之。荀子議兵「城郭不辨」，注：「或音辦。」後漢書耿弇傳注：「辨，猶成也。」影本注釋：「辨，能也，成也。」是。

⑤趣之適（敵）則不聽　按，史記陳涉世家：「趣趙兵亟入關。」漢書高帝紀：「因趣丞相急定行封。」趣同促，趣促古音同。聽，聽從也。

⑥弩張，棅不正　影本注釋：「棅，即柄。柄謂弩臂。釋名釋兵：『弩……其柄曰臂。』」今按，柄，説文篆亦從秉聲作棅。莊子天道：「天下奮棅。」弩柄即所以持弓而施弩機之木，柄不正則弓偏。

⑦其兩洋之送矢也不壹　影本注釋：「洋，疑當讀爲翔。……弩弓橫置，如鳥舒兩翼，人張兩臂，故謂之翔。」今按，鳥舒兩翼，人張兩臂，未聞稱爲兩翔者。愚謂洋當讀爲「廂」，兩邊謂之兩廂，古無廂字，借洋字爲之。洋、廂同部。不壹，不一致也。

⑧矢唯（雖）輕重得　按，唯通雖。

⑨猷（猶）不中　按，中字下當缺「昭也」二字，下文有「猶不中昭也」句可證。猷與猶同，本書二字通用，下文即作猶。昭，埻的也，即箭靶，下文又作召，同。本書地葆篇作柖，呂氏春秋本生作招，參見地葆篇注。今口語凡以物爲射擊之目的，其物仍曰招子。

⑩弩之中穀，合於四，兵有功　影本注釋：穀借爲彀。是。但釋彀爲「此處指箭靶」，則非。今按，本書言箭靶，皆稱柖，不曰彀。彀謂箭所及之處，曰彀中，莊子德充符「遊於羿之彀中」，注：「弓矢所及爲彀中。」如今言射程之內。中彀，謂射程內之物皆能射中也。合於四，四指矢前後輕重得，一也；弩榛正，二也；兩洋送矢壹，三也；發者是，四也。四者是以弩射比喻治卒得法，上下和同，可以勝敵有功。

行篡

行篡

●孫子曰：用兵移民之道，權衡也①。權衡，所以篡賢取良也②。陰陽，所以冣衆合適

（敵）也③。正衡再纍（一）暨忠④，是胃（謂）不窮⑤。稱鄉縣衡，雖其宜也⑥。私公之財壹也⑦。夫民有不足於壽，而有餘於貨者，（二）有不足於貨，而有餘於壽者⑧，唯明王聖人智（知）之，故能留之⑨。死者不毒，奪者不温⑩。此無窮（三）〔上缺約十六字〕民皆盡力，近者弗則，遠者無能⑪。貨多則辨⑫，=則（四）民不德其上；貨少則□，=則天下以爲尊⑬。然則爲民賕也，吾所以爲賕也⑭。此兵之久也⑮。用兵之（五）

右行篡篇，影本共存五簡，有題曰「行篡」，寫在第一簡簡背。其中第四簡缺上截約十六字，第五簡下有缺簡不知若干，全文未完。

此文論選賢取良之道，故題曰「行篡」。篡，即選，已見篡卒篇注。行，施行也。其選賢取良之道，就是「正衡再纍暨中」。但所謂「暨中」并非真正公平地選賢任能，而是要了解羣衆的心理、要求，民有「不足於壽而有餘於貨者」，有「不足於貨而有餘於壽者」，各投其所好，適應其要求，則「民皆盡力」，「賢良」自出。完全是站在封建統治階級立場，想出的奴役人民的方法。

【注釋】

①用兵移民之道，權衡也　影本注釋：「移民，謂驅使民衆爲君主所用。」今按，此説非是。移，猶歸也，言使民歸我。呂氏春秋義賞「賞重，民移之」，注：「移，猶歸。」戰國時期，民衆常有歸移，孟子梁惠王上：惠王曰：「隣國之民不加少，寡人之民不加多，何也？」又：「誠如是也，民歸之由水之就下，沛然誰能禦之！」其時兵出於民，民來歸者衆則軍盛，故本文「用兵」與「移民」連言。權衡，即秤，正輕重之器。全句意爲：治理軍隊和使民歸附之道，在於有一杆公平的秤。秤（權衡）喻標準。

②權衡，所以篡賢取良也　按，此謂有此公平之秤，即可選取賢良人材。

③陰陽，所以㝡衆合適（敵）也　影本注釋：「㝡，聚。」餘無注。今按，㝡衆指集結軍隊；合敵，指與敵交戰。聚衆合敵，必辨陰陽。陰陽是什麽意思？查馬王堆漢墓帛書稱篇有云：「凡論必以陰陽□大義。天陽地陰，春陽秋陰，夏陽冬陰，晝陽夜陰，大國陽小國陰，重國陽而輕國陰，有事陽而無事陰，信（伸）者陽屈者陰，主陽臣陰，上陽下陰，男陽〔女陰〕，〔父〕陽〔子〕陰，兄陽弟陰，長陽少〔陰〕，貴陽賤陰，達陽窮陰，取婦姓（生）子陽，有喪陰，制人者陽，制於人者陰，客陽主人陰，師陽役陰，言陽黑（默）陰，予陽受陰。諸陽者法天，天貴正，過正曰□□□□祭乃反。諸陰者法地，地〔之〕德安徐正静，柔節先定，善予不争。」以上引稱篇文，説明古人將萬有事物分爲陰陽兩類，陽爲動，陰爲静，陽爲主動，陰爲被動，運用到軍事上，即師陽役陰，客陽主人陰，陽法天，陰法地之説。㝡衆合敵，或動或静，必依此説行事。此種陰陽説是一種迷信，然有一定道理，古兵家常假以爲助，漢書藝文志兵書略有兵陰陽十六家二百四十九篇，圖十卷。其書今皆不存。

④正衡再纍曁忠　影本無注，斷句亦誤。今按，此六字爲一句。此以天平爲喻，衡是天平横杆，纍即砝碼，二者正，稱物始平。湖北雲夢睡虎地秦簡效律：「黄金，衡羸不正，半朱（銖）〔以〕上，貲各一盾。」又法律答問：「亡久書、符券、公璽、衡羸，已坐以論，後自得所亡，論當除不當？　不當。」其中羸即纍之通借字。湖北江陵鳳凰山漢墓天平衡杆銘：「正爲市陽户人嬰家稱錢衡，以錢爲纍，劾曰四朱（銖）……」即作纍。漢銅權銘亦常自名爲纍。纍與權作用相同，惟權有固定的大小和重量，纍大小不一，在天平上可隨物增減。本文言「再纍」，即一再增減其纍使稱量準確也。曁忠，爲既中二字之借。本書五度九奪篇「五度曁明」，以曁爲既。睡虎地秦簡爲吏之道「一曰中信敬上」，中忠通用。「既中」謂天平指針正中，不偏不倚，喻公平也。

⑤是胃（謂）不窮　按，胃爲謂之借，同出漢簡謂均作胃。不窮，言依此道辦事，則左右逢源，無所不通。

⑥稱鄉縣衡，雖其宜也　影本注釋：「稱，舉。鄉，通向。稱鄉，定方向。」又注：「縣衡，指衡量輕重利弊。」今按，此注非也。縣爲懸之本字，縣衡，謂懸平天平。戰國策秦策三：「楚破秦，秦不能與齊縣衡矣。」荀子解蔽：「兼陳萬物，中縣衡焉。」縣衡意爲取其平衡。鄉，借爲饗。吴子勵士：「（吴起）曰：『君舉有功而進饗之，無功而勵之。』於是武侯設坐廟廷，爲三行饗士大夫：上功坐前行，餚席兼重器上牢；次功坐中行，餚席器差減；無功坐後行，餚席無重器。饗畢而出，又頒賜有功者父母妻子於廟門外。」饗意爲饗食，後世名軍食爲餉，字亦作饟。引伸其義爲犒賞，説文：「賞，賜有功也。」金文作賁。墨子經上：「賞，上報下之功也。」左傳襄公十一年：「夫賞，國之典也。」禮記祭法：「堯能賞均刑法。」馬王堆帛書十大經：「三遂絶從，兵有成功，□不鄉其功，環（還）受其殃。」正謂兵

有成功，即當酬賞其成功。雖、唯古通，此處讀爲唯。全句意爲：用公正之天平，量功授饗，做到十分恰當。呂氏春秋義賞言「賞重則民移之」，此則言「賞唯其宜」。

⑦私公之財壹也　　按，財當讀材，即人材、材力之材，荀子王制「材伎之士」，注：「武藝過人者，猶漢之材官也。」至錢財之義，本篇稱貨，史記、鹽鐵論等書亦皆曰貨。私公，公指侯王，私指大夫以下私屬。此句蓋謂對於人材宜一律看待，不分公私貴賤。或説財讀裁，管子心術「聖人因而財之」，注云與裁同。句謂稱鄉縣衡，裁斷畫一，亦通。

⑧夫民有不足於壽，而有餘於貨者，有不足於貨，而有餘於壽者　　按，不足謂感到不滿足。呂氏春秋義賞：「臣聞繁禮之君，不足於文；繁戰之君，不足於詐。」注：「足，厭也。」影本注釋引孫子九地：「吾士無餘財，非惡貨也；無餘命，非惡壽也。」以證古常以壽與貨對舉。今按，禮記曲禮「臨財毋苟得，臨難毋苟免」，實亦壽貨對舉。

⑨唯明王聖人智（知）之，故能留之　　影本注釋：「留之，義未詳。或疑留當讀爲流。」今按，留之蓋謂使民留而爲己用也。上文云使民歸附，以宜賞爲權衡，此言以宜賞使民留而不去，正應上文。宜賞之中有妙用，即上文壽貨有餘不足問題，此唯聖人明王能懂其妙。

⑩死者不毒，奪者不温　　影本無注。今按，毒，廣雅：「痛也」，「惡也」，「苦也」，「憎也」。奪，剥奪。温，借爲愠。論語學而「人不知而不愠」，鄭注：「怨也。」説文：「愠，怒也。」此言慶賞切其所欲，則死而無怨，奪而無怒。

⑪近者弗則，遠者無能　　影本注釋：「此句則字上疑寫脱一字。」今按，此句無脱文。則與賊古通，睡

虎地秦簡爲吏之道云：「聽其有矢，從而賊之。」賊借爲則，蓋賊从則聲（見説文），則爲賊之省文。論語堯曰：「慢令致期謂之賊。」孟子梁惠王：「賊仁者謂之賊。」荀子解蔽：「有勇非以持是則謂之賊。」莊子漁父：「析交離親謂之賊。」史記李斯傳：「從下制上謂之賊。」此皆賊字之義也。能，當讀態，借爲怠。能、台同从㠯聲。从台之字如怠、殆、紿、駘，古相通假，並爲慢放懈倦之意。態、賊二字古音同部，此二句亦爲韵語。近者弗賊，遠者無怠，言親近之人不爲賊害，疏遠者亦無怠慢也。

⑫貨多則辨　按，辨同辦，治也，成也。貨指錢財。言民錢貨多則事皆辦成，無求於上，故「民不德其上」。

⑬貨少則□，＝則天下以爲尊　按，缺文原簡尚存右旁阝，疑是「鄉」字。此句讀爲「貨少則鄉，鄉則天下以爲尊。」鄉借爲向，本書兵失篇「善陳者知背鄉」，借鄉爲向。言民錢貨少則傾向其上以希多賞。民向而不背，則王者爲天下尊也。

⑭然則爲民賕也，吾所以爲賕也　影本釋賕爲逑，訓積聚財富。今按，非也。説文：「賕，以財物枉法相謝也。」廣雅釋詁四：「賕，謝也。」漢書朱博傳音義引韋昭曰：「賕，行貨財以有求於人。」吾有求於民，故行財賞以施賕，同時民希得財賞而盡力報我，戰勝得利，又等於謝我以賕，故此二句可譯爲：我給人民以財利啊，也就是讓人民給我以財利啊。

⑮此兵之久也　按，久當讀爲記。睡虎地秦簡金布律：「縣都官以七月糞公器不可繕者，有久識者靡豈之。」爲吏之道：「聽有方，辯短長，困造之士久不陽。」久識，今言記誌；久不陽，即記不佯，言牢牢記真。詳見威王問篇「必以爲久」句注。兵之久，猶言用兵之必須牢記者也。

殺士

殺士

●孫子曰：明爵禄而〔下缺〕(一)

殺士則士必□□□□□〔下缺〕(二)

知之。知士可信，毋令人離之。必勝乃戰，毋令人知之。當戰毋苉□□□〔下缺〕

〔上缺〕必審而行之，士死（此爲簡之下端）

右殺士篇，僅存兩簡上截各四五字。第一簡簡背有題曰「殺士」。兩簡斷爛過甚，不成文句，亦不能明其文意。附録兩簡，一爲簡之上截，一爲簡之下截，文辭與前各不相屬。附録第一簡苉字下缺文，影本原釋「旁毋」二字，兹審原簡，此處有三個字的位置，並模胡不清，姑以三□誌之。

今本尉繚子兵令下曰：「臣聞古之善用兵者，能殺卒之半，其次殺其十三，其下殺其十一。能殺其半者威加海内，殺十三者力加諸侯，殺十一者令行士卒。故曰，百萬之衆不用命，不如萬人之鬬也，萬人之鬬不如百人之奮也。賞如日月，信如四時，令如斧鉞，制如干將，士卒不用命者，未之聞也。」此言殺，猶今言犧牲，謂號令嚴明，信賞必罰，士卒用命，敢爲將死，戰陣之上，不怕犧牲，甘戰而死者十之若干也。本篇有「明爵禄」、「知士可信」等語，可能即此意。

延　氣

延氣①

●孫子曰：合軍聚衆，□□□□②；復徙合軍，務在治兵利氣③；臨竟（境）近商（敵），務在癘（勵）氣④；戰日有期，務在斷（一）

氣⑤；今日將戰，務在泟（延）氣⑥，〔下缺〕（二）

〔上缺〕以威三軍之士，所以敫（激）氣也⑦，將軍令〔下缺〕（三）

〔上缺〕其令，所以利氣也。將軍乃（四）

〔上缺〕短衣絜裘，以勸士志⑧，所以厲（勵）氣也。將軍令：＝軍人，＝爲三日糧；國人，家爲⑨（五）

〔上缺〕斷氣也。將軍召將衛人者而告之曰：歓（飲）食毋⑩（六）

以泟（延）氣〔下缺〕（七）

〔上缺〕也。 ●延氣(八)

〔上缺〕營也，以易營之，衆而貴武，商（敵）必敗。 氣不利則拙，=則不=及=則失=利=(九)

氣不癘（勵）則聶=則衆=〔下缺〕(一〇)

〔上缺〕而弗救，身死家殘。 將軍召使而勉之，毄（擊）〔下缺〕(一一)

右延氣篇，影本共存十一簡，正文八簡，附録三簡。十一簡或斷或缺，都不完整。第一簡是一整簡斷爲四截，今經綴合，仍缺四字，篇題「延氣」，寫在此簡背。第八簡爲全文末簡，又有篇題寫在文後，題前有圓點標誌，下端缺失，不知有無字數統計。

文辭斷續不貫，其中出現「延氣」、「利氣」、「厲氣」、「激氣」等詞，可知全文是論述將軍激勵士氣之事。吳子論將：「凡兵有四機，一曰氣機。」軍氣爲古兵家所重視的問題。惟本篇多殘簡，編列次序未必是原狀，不得見其全貌也。

影本注釋説明：第八簡可能與第七簡是一簡之折，附録之第九簡原來位置可能在第四簡之前；附録之第十簡原來位置可能在第五簡之前。又説：附録之第十一簡是否屬於本篇，尚屬可疑。今無旁證，即依影本原式移録，未加變動，惟簡次號數是新編的。

【注釋】

①延氣　影本注釋引司馬法嚴位：「凡戰，以力久，以氣勝。」又引尉繚子戰威：「民之所以戰者氣

也，氣實則鬭，氣奪則走。」又引同書十二陵：「戰在於治氣。」今按，「延氣」，影本無考。簡文前後兩題，延並作延，文中兩見，並作涎，當是延字無疑。延，長也，偏也。以下文「今日將戰，務在延氣」之語觀之，延氣似爲普徧提高士氣之意。

②合軍聚衆，□□□□　　影本注釋引孫子軍争「合軍聚衆」，梅堯臣注：「聚國之衆，合以爲軍。」今按，據下文，缺圍當是「務在激氣」四字，蓋合散衆以成軍，必須統一思想，激勵其氣。

③復徙合軍，務在治兵利氣　　影本未注。今按，復徙合軍，謂軍散徙而復合。治兵，謂整治兵器。利氣，謂修其鋭利之氣。行軍徙舍人馬勞乏，務在振其鋭氣也。

④臨竟（境）近商（敵），務在癘（勵）氣　　今按，竟借爲境，本書擒龐涓篇作竸，馬王堆帛書戰國縱横家書以竟爲境。境謂敵境。商即敵，本書通作適，兵失篇作僑。癘，下文作厲，借爲勵，勸勉鼓勵也。尉繚子戰威：「故戰者必本乎率身以勵衆士。」戰國策齊策六：「明日乃厲氣循城，立於矢石之所。」近敵將戰，必勵士氣也。

⑤戰日有期，務在斷氣　　影本注釋引淮南子兵略：「察其勞佚，以知其飽飢。故曰，戰日有期，視死若歸。」今按，斷當讀爲斷決之斷。戰日已定，不容猶豫，務有斷然不回之氣也。

⑥今日將戰，務在涎（延）氣　　今按，涎即延。延，長也，偏也。延氣，當是延展原有軍氣之意。

⑦以威三軍之士，所以敫（激）氣也　　今按，敫爲激之省文。激，感發也。上文缺，其意未瞭。

⑧短衣絜裘，以勸士志　　影本注釋：「絜，疑當讀爲褐。褐裘，疑即裘褐。」今按，此言將軍勸士志也。褐古爲賤者之服，將軍不得服之。絜，當讀爲結，禮記大學「是以有絜矩之道也」，注：「絜，猶結

也。」尉繚子戰威：「夫勤勞之師，將必先己，暑不張蓋，寒不重衣，險必下步，軍井成而後飲，軍食熟而後飯，軍壘成而後舍，勞佚必以身同之。如此，師雖久而不勞不弊。」説苑指武：「晉智伯伐鄭，齊田恒救之，有登蓋，必身立焉，車徒有不進者，必令助之，壘合而後敢處，井竈成而後敢食。」此皆將軍身同甘苦以勸士卒之事例。短衣絜裘殆與此同，言將軍先己與士卒同勞，暑則短衣，寒則結裘，帶頭操作以勸士志，勵士氣也。結裘，謂結裘之襟袖於腰際。

⑨將軍令：三軍人，三爲三日糧：國人，家爲　按，此段斷句當爲：「將軍令：令軍人，人爲三日糧；國人，家爲……〔所以〕斷氣也。」人爲三日糧，示必死戰之決心，可知斷氣是斷決之氣。

⑩歓(飲)食毋　按，歓，古飲字。下有缺簡。

官一

官一①

孫子曰：凡處卒利陳體甲兵者②，立官則以身宜③。賤令以采章④，乘削以倫物⑤，序行以(一)□□，制卒以周閭，授正以鄉曲⑥，辯疑以旌輿⑦，申令以金鼓⑧，齊兵以從速⑨，庵結以人(二)雄⑩。邋軍以索陳⑪，茭肆以囚逆⑫，陳師以危紉，射戰以雲陳⑬，圉裹以羸渭⑭，取喙以闔(三)

隊⑮，即敗以包□，奔救以皮傅⑯，燥戰以錯行⑰，用□以正□，用輕以正散⑱，攻兼用行

城⑲。（四）

□地□□用方，迎陵而陳用封⑳，險□□□□用圜，交易武退用兵㉑，埶□陳臨用方（五）

翼㉒，氾戰椄厝用喙逢㉓，因險解谷以□遠㉔，草駔沙荼以陽削㉕，戰勝而陳以奮國㉖，而（六）

爲畏以山胠㉗，秦怫以委施㉘，便罷以雁行㉙，險厄以雜管㉚，還退以蓬錯㉛，繞山林以曲

次㉜，襲（七）

國邑以水則辯㉝。夜退以明簡㉞，夜敬以傳節㉟，厝入內寇以棺士㊱，遇短兵以必輿㊲，火

輪積（八）

以車㊳，陳刃以錐行㊴。陳少卒以合=雜=所以圉裹也㊵。脩行連削，所以結陳也㊶。雲折

重雜，（九）

所權趮也㊷。猋凡振陳，所以乘疑也㊸。隱匿謀詐，所以鈞戰也㊹。龍隋陳伏，所以山鬬

也㊺。（一〇）

□□乖舉，所以厭津也㊻。□□□卒，所以□□也。不□侍卒，所以昧戰也㊼。遏溝□（一一）

陳，所以合少也㊽。疏削明旗，所以疑適也㊾。敶陳輊車，所以從遺也㊿。椎下移師，所以

備（一二）

强也51。浮沮而翼，所以隊鬬也52。禪括蘩避，所以莠桑也53。潤練歡便，所以逆喙也54。堅（一三）

陳敦□，所以攻菓也55。楑鹽藩薄，所以泫疑也56。僞遺小亡，所以䰟適也57。重害，所以茭（一四）

□也。順明到聲，所以夜軍也58。佰奉離積，所以利勝也59。剛者，所以圉刼也60。更者，所以過（一五）

和也61。□者，所以圉□也。□□□□□□□者，所以厭阳也62。胡退紉入，所以解困也63。（一六）

〔上缺〕令以金〔下缺〕

〔上缺〕雲陳，圉裹〔下缺〕

〔上缺〕胠，秦怫以委施，便罷〔下缺〕

〔上缺〕夜退以明簡，夜敬〔下缺〕

〔上缺〕輿，火輪積以車，陳〔下缺〕

〔上缺〕龍隋陳〔下缺〕

〔上缺〕也。澗練□便，所以逆〔下缺〕

〔上缺〕鹽藩薄，所以泫〔下缺〕

〔上缺〕所以聵適也。重害，所〔下缺〕

〔上缺〕奉離積，所以利〔下缺〕

右官一篇，影本正文存十六簡，缺文不多，文辭連貫。題目「官一」寫在第一簡簡背。末簡（第十六簡）文字正好寫滿一簡，其下是否有失簡，未能斷定，觀其文氣已完，即有缺失，亦不過寫有篇題字數之一簡而已。

篇後附録殘簡十段，每段首尾俱缺，現存文字全部與本文諸簡重複。影本注釋以爲此篇原當有兩本，附録之殘簡是兩本中之别一本。茲詳審殘簡，其字體肥潤，與本書他篇字體相同，而有異於本篇；本篇字體瘦勁，確屬另一人所書。推想殘簡所屬之本與他篇置於一處，因同朽腐，而此篇别置一處，故保存比較完好。茲據影本分簡排列，殘簡十段仍作附録，以備參考。

本篇文章體例迥異於他篇，辭句尤多詰屈難解，試就影本原注疏補之。

【注釋】

①官一　今按，孫子計篇：「法者，曲、制、官、道、主、用也。」本篇題曰「官」，當即此六法之一之「官」。官，謂官能，猶荀子天論「耳目鼻口形能各有接而不相能也，夫是之謂天官」之官。人身有

人身之官能，軍隊有軍隊之官能。本篇有缺文，現存諸簡大體連接，分爲五段：第一段自「賤令以采章」至「庵結以人雄」，言根據人身之官能立軍隊之官能。第二段自「邋軍以索陳」至「氾戰椄厝用喙逄」，言根據戰鬬需要而發揮軍隊之官能。第三段自「因險解谷以□遠」至「襲國邑以水則辯」（中有缺文），言根據行動目的來發揮軍隊官能。第四段自「夜退以明簡」至「合雜所以圉裹也」，言軍器軍士軍形之職能。第五段自「脩行連削」至篇末「胡退□入所以解困也」，言軍隊官能之作用等事。全篇所論皆是軍隊這個集體之官能之發揮，所以文題曰「官」。影本注釋云：「篇後所附殘簡，文字均與本篇重複，可見此篇原有兩本，篇題『官』後加『一』字，可能表示此爲兩本中之第一種本子。」今按，此可備一説，然古書少有此例。疑「一」字仍當訓統一或一致，「官一」謂軍隊之官能應統一或一致也。

②凡處卒利陳體甲兵者　影本注釋：「處卒，疑即孫子行軍所謂『處軍』。利陳，意謂使其陣堅利。」引司馬法定爵「人習陳利」，周書武順「將居中軍，順人以利陣」，爲證。今按此説未安，處卒蓋謂部署隊伍。卒，百人爲卒之卒，非謂個別兵卒。利陳，蓋謂使陣形變化便利。體即體字，从肉與从骨同也。馬王堆帛書戰國縱横家書及老子乙本卷前古佚書，體字皆作體。周禮「體國經野，設官分職」，注：「體，猶分也。」體甲兵，蓋配置甲仗兵器之意，如下文「遇短兵以必輿，火輸積以車，陳刃以錐行」，是也。

③立官則以身宜　影本無注。今按，此句意謂根據人身條件所宜，以建立軍隊之官能。如下文「賤令以采章」，采章適宜於人目；「中令以金鼓」，金鼓適宜於人耳；「制卒以周閭，授正以鄉曲」，州閭

鄉曲適宜於人所素習」，根據身宜，以立采章、金鼓、編隊、授正之官能也。管子兵法：「三官：一曰鼓，鼓所以任（整裝）也，所以起也，所以進也。二曰金，金所以坐也，所以退也，所以免也。三曰旗，旗所以立兵也，所以利兵也，所以偃兵也。此謂之三官。」此官字，即本篇之官，但本篇又將官字意義擴大到制卒、授正。

④賤令以采章　影本注釋：「賤，疑讀爲踐。」今按，是也。踐，實踐，履行。本書見威王篇「故周公淺之」，借淺爲踐；馬王堆帛書老子甲本借淺爲賤。賤、淺、踐三字古通用。采章，影本注釋：「見左傳宣公十四年『於是有容貌、采章、嘉淑』，杜注：『采章，車服之章也。』」今按，國語周語中亦云「服物采章」，韋注：「采色文章也。」彼指平日區別尊卑貴賤之服章。至若軍用之采章則指五彩徽章，管子兵法：「九章：一曰舉日章則晝行，二曰舉月章則夜行，三曰舉龍章則行水，四曰舉虎章則行林，五曰舉鳥章則行陂，六曰舉蛇章則行澤，八曰舉狼章則行山，九曰舉韓（章上加套）則載食而駕。九章既定，則動靜不過。」尉繚子經卒令：「卒有五章：前一行蒼章，次二行赤章，次三行黃章，次四行白章，次五行黑章。次以經卒，亡章者有誅。前一五行置章於首，次二五行置章於項，次三五行置章於胸，次四五行置章於腹，次五五行置章於腰。……踰五行而進者有賞，踰五行而後者有誅。」以上皆采章制度之例證，古當隨時隨事而有不同。

⑤乘削以倫物　影本無注。今按，削是旓之借字。文選甘泉賦「建光耀之長旓兮」，李善注引埤雅曰：「旓，旗旓也。」河東賦「被雲梢」，顏師古曰：「梢與旓同，旓者旌旗之旒，以雲爲旓也。」是旓可作梢。周禮載師「以家邑之田任稍地」，鄭玄注：「故書稍或作削。」是削、梢、稍、旓等字，古皆互相通假。

乘，由上下句「踐令」、「序行」例之，這裏應作動詞用。三蒼：「乘，載也。」周制四井爲邑，四邑爲丘，四丘爲甸，每甸出兵車一乘。出兵時，各地方官帥其車乘甲卒而至，各車旗幟不同：「王建太常，諸侯載旂，軍吏載旗，師都載旜，鄉遂載物，郊野載旐，百官載旟，（旗上畫日月曰太常，畫交龍曰旂，畫熊虎曰旗，通幅紅帛曰旜，雜帛鑲白邊曰物，旗上畫龜蛇曰旐，畫鳥隼曰旟。）上面各書其名號。車旗不但區別行伍，也標示尊卑等級。乘旓，蓋謂車上載旗。倫，是分類分等之意。物，國語楚語下：「能言能聽徹其官者，而物賜之姓」，韋注：「物，事也，以功事賜之姓。」此句乃言用車上插載不同旗幟來區別兵車之類别和等級。上述車旗之制是周朝早期規定，戰國時期各國社會有不同的變化，車旗當然也有變化，不可泥也。又，本篇有四個削字，皆可釋旓。

⑥制卒以周閭，授正以鄉曲　影本釋周爲州，云：「州閭猶言州里。正，長也。」又云：「此二句意謂按地方行政組織編制士卒，任命軍中官吏。」今按，影本説是。古代卒伍、州閭二者互有聯繫，據國語齊語，齊桓時「管子於是制國：五家爲軌，軌爲之長；十軌爲里，里有司；四里爲連，連爲之長；十連爲鄉，鄉有良人焉。」接着説：「以爲軍令：五家爲軌，故五人爲伍，軌長帥之；十軌爲里，故五十人爲小戎，里有司帥之；四里爲連，故二百人爲卒，連長帥之；十連爲鄉，故二千人爲旅，鄉良人帥之；五鄉一帥，故萬人爲一軍，五鄉之帥帥之。」古行徵兵制，兵即農民，即以所隸鄉里之長爲之長。其所以如此編制者，齊語又云：「是故卒伍整於里，軍旅整於郊，内教既成，令勿使遷徙，世同居，少同遊，故夜戰聲相聞，是以不乖，晝戰目相見，是以相識。」吳子治兵亦曰：「教戰之令……鄉里相比，什伍相保。」本文「制卒以周閭，授正以鄉曲」，謂編隊授官，都按鄉里關係，用意與齊語相同。制卒，

猶言編制隊伍。卒，隊也。授正，謂授予官職。

⑦辯疑以旌輿　影本注釋：「輿，疑當讀爲旟。」今按，説文：「旌，游車載旌，析羽注旄首，所以精進士卒。」又：「旟，錯革畫鳥其上，所以進士衆。」釋名釋兵：「鳥隼爲旟。旟，譽也，軍吏所建，急疾趨事，則有稱譽也。」辯，即辨，古通。旌旟是進士衆的特殊旗號，不過這裏也可能是泛指，謂軍士視旗以辨疑也。

⑧申令以金鼓　影本無注。今按，鼓所以任也，所以起也，所以進也；金所以坐也，所以退也，所以免也；已見前引管子兵法。金指鐃、鐸、錞于之屬。以金鼓申令，便人耳聞，亦屬身宜。

⑨齊兵以從速　影本無注。今按，速字从朿聲。從速即踪迹，繁體作蹤跡。此二字，古多異體，説文蹤作縱，跡篆文作迹，又作蹟，籀文作速。詩召南羔羊「委蛇委蛇」，毛傳：「委蛇，行可從迹也。」（猶言一步一個脚印。）釋文：「從亦作蹤，迹又作跡。」蓋西漢通作「從速」，今作踪迹，即脚印。齊兵，謂持兵器整齊一致。淮南兵略：「修鎩短鏦，齊爲前行。」此句意爲齊其脚步以使持兵整齊。

⑩庵結以人雄　影本無注。今按，庵、奄、掩、弇、揜，古通用，皆有「同」義。如詩周頌執競「奄有四方」，傳：「同也。」爾雅釋言：「弇，同也。」方言三：「掩，同也。」孟子萬章上「從而揜之」，音義引張音與掩同。易困「剛揜也」，釋文：「本作弇，又作掩。」漢衡方碑「庵離寢疾」，又以庵爲奄。故此「庵結」即「同結」，言結隊嚴整也。雄，當讀爲肱。説文：肱，本作厷，「臂也」。後增肉旁爲肱，此則借雄爲之。此句與上句對舉，皆以人身爲説，齊兵視其足，庵結視其臂，即所謂「以身宜」也。

⑪邋軍以索陳　影本注釋曰：「邋，疑當讀爲躐。……古書多以獵爲躐。」今按，邋即躐，從辵與從足

同，又通獵。楚辭國殤：「凌余陣兮躐余行。」國語吳語：「以犯獵吳國之師徒。」荀子議兵：「不獵禾稼。」楊注：「獵與躐同，踐也。」吳子料敵：「獵其左右。」又云：「乘乖獵散。」六韜犬韜戰騎：「薄其前後，獵其左右。」皆踐踏之義也。索陳，例以下文之「雲陳」知是陣名。索爲繩索之索，謂陣如繩索，猶雲陣之如雲也。

⑫茭肄以囚逆　影本無注。今按，茭肄、囚逆，義難解。茭肄，疑當讀爲佼肄，淮南子覽冥「川谷不澮，草木不搖，而燕雀佼之」，注云：「佼，健。」肄，説文：「習也。」反復爲之曰肄，故亦訓勞。左傳昭公三十年：「吳與楚戰，伍子胥教吳王曰：『若爲三師以肄焉。一師至，彼必皆出，彼出則歸，彼歸則出，楚必道敝。亟肄以罷（疲）之，多方以誤之，既罷（疲）而後以三軍繼之，必大克之。』」杜注：「肄猶勞也。」吳軍分爲三部，輪流誘敵使勞，蓋即所謂「佼肄」也。囚逆，陣名。囚有制其出入義，詳下「囚險解谷」句注。逆，意謂迎截。周禮田僕「設驅逆之車」，注：「驅，驅禽獸使前就獲。逆，衙還之使不出圍。」是囚逆之陣，乃制敵出入，追逐迎截，使之疲勞就獲之陣也。

⑬射戰以雲陳　按，雲陳即雲陣，陣名。六韜豹韜有烏雲山兵、烏雲澤兵兩篇，中云：「所謂烏雲者，烏散而雲合，變化無窮者也。」雲陣當指雲合之陣，有利於射戰。

⑭圉裹以羸渭　影本注釋讀圉爲禦，云：「禦，抵禦。裹，包圍。」引廣雅釋詁四：「裹，圍也。」又引吳子：「我衆彼寡，參分而裹之。」（通典引）今按，此注釋裹是，釋禦尚有問。圉同禦，有二義：一爲敵來而防禦之，二爲禁敵使不能活動，爾雅釋言：圉、禦，同訓「禁也」。此處圉裹，蓋謂或禁之，或圍之而已。羸渭，蓋亦陣名。他書未見。考易井「羸其瓶」，鄭讀羸爲虆。大壯「羸其角」，疏：「羸，拘累

纏繞也。」詩周南樛木「葛藟纍之」，纍，纏繞也。是嬴與纍通，義爲纏繞。春秋題辭曰：「渭之言布也，渭渭，流行貌。」揚雄長楊賦有云：「汾沄沸渭。」據此，嬴渭之陣或因陣形纏繞流行得名。此句言圍禁敵人用纏繞流行之陣，令敵不知衆寡，意亦近是。

⑮取喙以闔燧　影本無注。今按，古人列陣有喙有鋒，故下文云：「氾戰椄厝用喙逢（鋒）。」鋒，即前鋒。陣有鋒，見勢備篇。喙，本義爲獸口，喻其能開張噬人。漢書匈奴傳揚雄曰：「是以忍百萬之衆，以摧餓虎之喙。」即以喙喻軍。闔燧，及下文「燧鬭」，二燧字皆爲隧之借字。隧，亦作遂，作隊。淮南子兵略「隧路亟」，史記蘇秦傳「禽夫差於干遂」，穆天子傳「於是得絶鈃山之隊」，隧、遂、隊，注皆訓道路。闔，閉塞也。左傳襄公十七年「吾儕小人，皆有闔廬」，注：「闔，謂門户閉塞。」春秋時，齊晉戰於平陰，齊夙沙衛（人名）「連大車以塞隧」。即謂以車堵塞道路，闔隧義同塞隧也。此句蓋謂以封鎖道路的方法，取勝敵喙。

⑯奔救以皮傳　影本無注。今按，方言七：「皮傳，强也。秦晉言非其事，謂之皮傳。」方言此義，猶言「强加」。本書十問篇以皮爲彼。説文：「彼，往有所加也。」是彼即被字。漢靈臺碑「德彼四表」，以彼爲被。皮、彼、被，互通，皮傳即被傳矣。傳，著也，與敵接觸曰傳敵，此句蓋爲奔救友軍，須强行傳敵之意。後漢書張衡傳：「河洛六藝，篇録已定，後人皮傳，無所容篡。」李賢注皮傳二字云：「皮膚淺近，强相傅會。」蓋讀皮本字，望文生義也。

⑰燥戰以錯行　影本無注，而第一字直釋爲燥字。今按，原簡此字左旁不清，釋燥不辭，疑是噪字。噪亦作譟。周禮大司馬：「車徒皆譟。」穀梁定公十年：「齊人鼓譟而起。」尉繚子兵令上：「矢射未

交，長刃未接，前譟者謂之虛，後譟者謂之實，不譟者謂之秘。」此即所謂「譟戰」。錯行，行伍錯雜。譟戰而不依行列，則聲亂而宏，可張軍威。

⑱用輕以正散　影本無注。今按，輕者，吴子治兵：「先明四輕，……使地輕馬，馬輕車，車輕人，人輕戰。明知險易則地輕馬，芻秣以時則馬輕車，膏鐧有餘則車輕人，鋒鋭甲堅則人輕戰。」熟悉地形，車利馬飽，武器精良，則作戰輕易，故稱曰輕。散者，史記黥布傳：「兵法：諸侯自戰其地爲散地。」孫子九地云：「用兵之法，有散地。」又云：「諸侯自戰其地爲散地。」又云：「是故散地無戰。」曹操注云：「士卒戀土，道近易散。」就是説：在本國土地上作戰，士卒各戀其鄉，容易走散，故云散地。此句意爲：在散地作戰，士卒戀鄉，補救之法就是注意四輕，用輕以提高士氣。

⑲攻兼用行城　影本無注。今按，行城見墨子。墨子備梯：「雲梯者，重器也，其動移甚難。守，爲行城雜樓相見（間）。……行城之法，高城二十尺，上加堞，廣十尺，左右出巨（距），各二十尺。〔雜樓〕高廣如行城之法。爲爵（雀）穴煇鼠（樓壁設洞如雀鼠之穴），施荅其外。機衝錢（棧）城，廣與隊等，雜其間以鐫劍。持衝十人，執劍五人，皆以有力者。令案目者視適（敵），以鼓發之，夾而射之，重而射〔之〕，披（校）機藉之，城上繁下矢石沙炭以雨之，薪火水湯以濟之。……若此則雲梯之攻敗矣。」行城大概是用大木製成，比城牆高二丈，寬一丈，左右探出之距各長二丈，壁上設小洞，外面設荅（據備蛾傳篇，荅長寬各丈二尺，可用以燒敵），又有行棧和衝機，寬度和敵人隊伍相當。——墨子所言防禦雲梯之行城如此。攻兼之兼字，原簡左旁泐，尚存一竪筆，當是隒字。爾雅釋山：「重甗，隒。」孫注：「山基有重岸也。」李注：「阪也。」郭注：「山形如纍兩甗。」字林：「隒，山形似重甗。」總

之，隙是高峻的山巖。攻此高峻之處，可用行城俯臨其上，此行城爲進攻器具，與墨子用以防守者有異。

⑳迎陵而陳用封　影本注釋云：「封疑當讀爲圭，指圭形之陣。」今按，地葆篇迎陵爲殺地。尉繚子天官亦曰：「向阪陣爲廢軍。」此言「迎陵而陣」蓋指敵軍。封，讀本字亦可，説文：「封，刺也。」戰國策齊策三「封衛之東野」，注：「取也。」左傳僖公十五年釋文：「封，刺割也。」

㉑交易武退用兵　影本無注。今按，交，指與敵交戰。易，指平易之地。武，伐也。春秋元命苞：「武者，伐也。」退，當指敵退。兵字上疑脱「長」字或類似的某字。執（勢）字當屬下讀。此句蓋謂在平易之地交戰，伐取退走之敵，宜用某種兵器。

㉒執□陳臨用方翼　影本無注。今按執（勢）下一字，原簡殘跡似「高」字。墨子備城門言「今世之常所以攻者」有十二種方式，其中有一種曰「臨」。臨，指臨車。詩大雅皇矣「以爾鉤援，與爾臨衝」，傳云：「臨，臨車也。衝，衝車也。」疏云：「臨者，在上臨下之名；衝者，從傍衝突之稱；故知二車不同。兵書有作臨車衝車之法，墨子有備衝之篇，知臨衝俱是車也。」臨車可能是一種有高樓的戰車。墨子有備高臨篇，云：「敵人積土爲高，以臨吾城，薪土俱上，以爲羊黔，蒙櫓俱前，遂屬之城。」則所謂臨，並非臨車。又有備水篇，云：「并船以爲十臨，臨三十人。」則此臨乃船也。備蛾傅篇云：「蛾傅者，將之忿者也。守，爲行臨射之。」此行臨，不知是否車也。孫詒讓曰：「臨，乃水陸攻守諸械以高臨下之通名，不必臨車也。」此處云：「勢〔高〕陳臨」，大概即指此種居高臨下之進攻方式。方，當讀旁，方翼謂軍陣之旁翼。

㉓氾戰椄厝用喙逢　影本無注。今按，喙爲陣喙，逢即鋒，謂陣之前鋒，具見前注⑮。氾戰，疑即凡

戰，氾借爲汎（古書氾、汎通），汎又凡之借也。説文：「凡，㝡括也。」凡戰，謂所有戰争。椄，即接，見十陣。厝，當借爲錯。楚辭九歌國殤：「車錯轂兮短兵接。」此言「接錯」，蓋省文耳。威王問篇言：地平卒齊，合而北者，其陣無鋒也；八陣篇言：用陣三分，誨陣有鋒，誨鋒有後；勢備篇亦言：陳無鋒，非孟賁之勇敢將而進云云。凡此皆言陣必有鋒，與本句言凡戰必用喙鋒意同。

㉔囚險解谷以□遠　影本無注。今按，書蔡仲之命「囚蔡叔于郭鄰」，僞孔傳：「囚，謂制其出入。」囚險者，當指敵人據險，不可猝攻，則制其出入，不令活動。解谷，孫子行軍：「絶澗、天井、天羅、天陷、天隙，必亟去之，勿近也。」吴子治兵：「無當天竈。……天竈者，大谷之口。」此皆謂大谷危地不可入。解當讀爲解圍之解，開放也。解谷之意，蓋謂己軍固然必須「無當大谷」，若敵在谷中，亦不可入谷與戰，應解之使出而擊之。吴子應變：「武侯問曰：『左右高山，地甚狹迫，卒遇敵人，擊之不敢，去之不得，爲之奈何？』起對曰：『此謂谷戰，雖衆不用。募吾材士，與敵相當，輕足利兵，以爲前行，分車列騎，隱於四旁，相去數里，無見其兵。敵必堅陳，進退不敢。於是出旌列旆，行出山外營之，敵人必懼。車騎挑之，勿令得休。此谷戰之法也。』」谷戰之法與解谷意近。遠，可能指遠形。孫子地形：「遠形者，勢均，難以挑戰，戰而不利。」注家多謂敵我相去遠，難以挑戰，謂之遠形。敵據險或居谷，不可攻，正是敵我相遠之形。擊此者，必囚其險，解其谷，使之出戰，變遠爲近。可知「囚險解谷」亦制遠之法。遠上缺文可能是「制」字。

㉕草駔沙茶以陽削　影本注釋云：「草駔沙茶，疑當讀爲草苴沙塗。」今按，當讀爲草苴莎荼。草指雜草。苴指特别豐厚之雜草。管子七臣七主「苴且膢蘉」，注：「苴謂草之翳薈。」沙，即莎字，詩豳風

七月「六月莎雞振羽」，釋文：「舊多作莎，今作沙。」是沙莎通用。荼，詩豳風鴟鴞「予所捋荼」，傳：「萑苕也。」萑苕，荻葦之屬。草苴莎荼，泛指雜草叢蔓之地。陽，一切經音義十五引周書：「陽，詐也。」按即佯字之借。削，借爲旓，見前注。此句言草木叢蔓之地，則詐設旗旓，蓋以草穢纏繞，兵車不易通行，詐設旗旓所以誘敵進入而擊之。

㉖戰勝而陳以奮國　影本無注。今按，此蓋言戰勝則易産生驕傲情緒，使軍氣懈惰，今仍嚴飭陣容，以奮國威。

㉗而爲畏以山胠　今按，此句「而」字當是衍文。畏，借爲隈。左傳僖公二十五年：「楚軍戍於商密，「秦人過析，隈入，而繫輿人，以圍商密。」杜注：「隈，隱蔽之處。」胠，軍陣之右翼。左傳襄公二十三年，齊侯伐衛，其軍陣有先驅、申驅、貳廣、啓、胠、大殿。杜注：「左翼曰啓。右翼曰胠。」但本句之胠，當是阹字之借。漢書司馬相如傳「江河爲阹，泰山爲櫓」，蘇林曰：「阹，獵者圍陣遮禽獸也。」郭璞曰：「因山谷遮禽獸爲阹。」又揚雄傳「以網爲周阹」，李奇曰：「遮禽獸圍陣也。」文選吴都賦「阹以九疑」，劉注：「闌也，因山谷以遮禽獸。」可見阹是一種半環狀阻礙物，可以江河山谷代之，亦可以人馬網罟爲之。山阹，當是以山爲之者。此句意爲，軍處隱蔽，應以山爲阹。胠讀本字解爲右翼，則不通。山阹，也可能是陣名。

㉘秦佛以委施　影本無注。今按，秦疑爲蓁之借，佛疑茀之借。蓁，説文：「草盛貌。」字又作榛，説文：「榛，一曰菆也。」淮南子主術「入榛薄險阻」，注：「聚木爲榛。」文選魏都賦注引服虔曰：「榛，木叢生也。」茀，説文：「道多草不可行。」國語周語中「道茀不可行」，韋注：「草穢塞路爲茀。」委施，即逶

迤。此詞古書寫法甚多，或作委蛇，或作委佗，或作委遲等。委施，長貌。此處可能是陣名。言道多草木，兵車並列不可行，則爲委施之陣而行。

㉙便罷以雁行　影本注釋：「雁行，陣名。」今按，雁行陣，本書屢見，威王問：「雁行者，所以觸厠應□□。」十陣：「雁行之陣者，所以接射也。」罷，當借爲擺。擺即捭字。後漢書馬融傳「然後擺牲班禽」，注：「廣雅曰：捭開也，字書擺布字也。」即今擺陣擺攤之擺。便，楚辭大招「恣所便只」，注：「安也。」荀子解蔽「由勢謂之道，盡便矣」，注：「便宜也。」

㉚險厄以雜管　影本注釋：「雜管，陣名。」今按，雜管陣無考，由字義言，雜有聚義，廣雅釋詁三：「雜，聚也。」管有包義，禮記樂記「管乎人情」，注：「猶包也。」陣名雜管，或取包聚之義。孫子地形「料敵制勝，計險遠近」，本書威王問「繚敵計險」，險，即此險厄。上文「因險」指敵人處險，此云「險厄」，蓋謂己軍處險。

㉛還退以蓬錯　影本注釋：「還退，撤退。」引吴子應變：「還退務速。」今按，還當讀爲旋。蓬錯，未詳。本書常以蓬爲鋒，疑當讀爲鋒錯，言車馬旋退，兵刃錯互也。蓋作爲前鋒時，兵刃齊向一方；旋退時兵刃不朝一方。

㉜繞山林以曲次　影本無注。今按，尉繚子兵教下：十二事，「六曰號別，謂前列務進，以別其後者，不得争登不次也。……八曰全曲，謂曲折相從，皆有分部也。」據此可知，此句之意應是軍在山林中繞行時，當依部伍先後次序而曲折相從。

㉝襲國邑以水則辯　影本無注。今按，此句當於水字爲頓。本書十陣篇有水陣，此言襲取國邑宜用

水陣也。呂氏春秋悔過：「臣聞之，襲國邑，以車不過百里，以人不過三十里，皆以其氣之趫與力之盛至。」國邑，指國都及縣邑之城。城難車攻，故宜水灌。戰國策趙策一，公元前四五三年，趙魏韓三國攻知伯，決水灌知伯軍，知伯軍救水而亂。三國擊之，大敗知伯，乃滅知氏。即其一例。辯，通辨。辨古多以辯或辨爲之。左傳昭公元年「主齊盟者，誰能辯焉」，注：「治也。」荀子王霸「必將曲辨」，注：「理也。」後漢書耿弇傳注：「辨猶成也。」辨猶治也、理也、成也，近於現代漢語之「完成」、「辦好」。此句謂以水襲城，則能成功。

㉞夜退以明簡　影本無注。今按，簡指簡書。詩小雅出車「豈不懷歸，畏此簡書」，傳：「簡書，戒命也。」把戒命寫在竹簡上，故稱簡書。夜間撤退，用書面戒命，不用口頭命令，以免壞人乘隙。

㉟夜敬以傳節　影本注釋：「傳，符傳。節，符節。」今按，傳與節爲兩物，皆古之通行憑證。周禮掌節：「凡通達於天下者，必有節，以傳輔之。」鄭玄注：「使節，使卿大夫聘於天子諸侯，行道所執之信也。」又云：「傳，説所齎操及所適。」（上面寫着携帶何物，到何處去。）傳和節相輔而行，有節無傳，有傳無節，或節傳俱無，均不得通行。傳世有戰國楚鄂君啓節，銅製。敬，讀爲儆，今通作警。詩大雅常武「既敬既戒」，箋云：「敬之言警也。」説文：「儆，戒也。」又云：「警，戒也。」此句言夜間警戒，憑傳和節出入辨事。

㊱厝入内寇以棺士　影本無注。今按，棺，疑材字之誤，本書爲漢初人寫録，漢有材官，因相涉而誤也。荀子王制「材伎之士」，注：「武藝過人者，猶漢之材官也。」厝，疑借爲斮。爾雅釋器：「犀謂之斮。」釋文：「斮本作厝。」説文：「斮，斬也。」文選東京賦注：「斮，擊也。」寇，書舜典僞孔傳：「羣

行攻刧曰寇。」鄭玄曰：「强取曰寇。」此句似謂入敵國境，攻略敵城，使用武藝過人的材士。六韜虎韜軍略：「絶街遮道，則有材士强弩。」

㊲遇短兵以必輿　影本無注。今按，必借爲佖。輿指兵車。短兵，刀劍也。揚雄校獵賦「鮮扁陸離，駢衍佖路」，師古曰：「佖，次比也。」亦作比，詩周頌良耜：「其比如櫛。」比，密列也。楚辭國殤：「車錯轂兮短兵接。」此句蓋謂與敵短兵接戰，宜密排戰車以禦之。

㊳火輪積以車　影本無注。今按，孫子火攻：火攻有五，「二曰火積，三曰火輜。」「火發於内，則早應於外。」本文積指糧草之聚，輪指輜重。火輪積，即孫子之火積火輜。孫子「早應於外」，太平御覽引作「軍應於外」，以本文例之，當是「車應於外」之訛。以車者，以車應於外也。上句言「輿」，此句言「車」，車輿一物，行文避重。

㊴陳刃以錐行　影本注釋：「錐行，陣名。」今按，錐行陣，見威王問及十陣篇。戰國策齊策一：「五家之兵，疾如錐矢。」注：「錐矢，小矢，喻勁疾也。」淮南子兵略「疾如錐矢，合如雷電」，注：「錐，金鏃翦羽之矢也。」可知錐行陣是一種鋭陣。威王問篇謂錐行陣「可以衝堅毁鋭」。十陣篇謂錐行陣「所以決絶」。又云：「卑之若劍，末不鋭則不入。」可見陣前陳兵刃是錐行陣的特點。

㊵陳少卒以合=雜=所以圂裹也　影本無注。按，此句讀爲「陳少卒以合雜，合雜所以圂裹也。」上文言「制卒以州閭」，即按鄉里編隊；此言「陳少卒以合雜」，謂兵卒若少則不按鄉里而混合編隊，故爲「合雜」。吴子應變：「今有少卒卒（猝）起，擊金鳴鼓於阨路，雖有大衆，莫不驚動。」卒少合雜，爲其能團結力量，增加聲威，也就能起圂裹的作用。圂裹，已見前文。

㊶脩行連削，所以結陣也　影本無注。今按，此謂修治行列，旗旃相連，如此結陣則陣容嚴整。削借爲旃，見前注。淮南子兵略：「吏卒辨，兵甲治，正行伍，連什佰，明鼓旗。」即此「脩行連旃」之意。

㊷雲折重雜，所權趮也　影本注釋謂權字上脱「以」字。今按是也，惟句意仍不明瞭。「雲折」及下句「猋凡」蓋皆言天候。折，轉也。陣紀風雨雲霧之戰：「唯大風重霧，亦乘勢伏時折强奪險時也。」此句蓋言陰雲重合之時，正好藉以發動戰鬬。趮字見説文，典籍多作躁。禮記月令「處必掩身毋躁」，注：「動也。」同書内則「狗赤股而躁」，注：「舉動急疾。」權，權衡，有主動義。權躁，謂主動暴起。

㊸猋凡振陳，所以乘疑也　影本注釋：「猋凡振陳，疑當讀爲飆風振塵。」今按，當讀爲「飆風震陣」。飆从猋聲，風从凡聲，猋凡即飆風二字之省文。振震本通。陳即陣字，本書通作。飆風震撼軍陣，形容風力大。大風之時，敵人疑惑，故乘其疑而動。

㊹隱匿謀詐，所以釣戰也　今按，詐同詐。漢書公孫弘傳：「夫以三公爲布被，誠飾詐，欲以釣名。」師古曰：「釣，取也，言若釣魚之謂也。」彼言飾詐釣名，猶此言謀詐釣戰。釣戰，謂誘敵上鉤。

㊺龍隋陳伏，所以山鬬也　影本無注。今按，荀子議兵：「案角鹿埵隴種東籠而退耳。」鹿埵、隴種、東籠，楊注：「蓋皆摧敗披靡之貌。」此諸語是荀子當時俗語，顧炎武日知録卷二十七引舊唐書竇軌傳：「我軍隴種車騎，未足給公。」及北史李穆傳：「籠涷軍士，爾曹何在，爾獨住此？」證明周、隋時尚有此語。舊辭海引通雅釋詁：「裴度曰『見我龍鍾』，王裒與周弘正書『龍鍾横集』，杜弼爲侯景檄梁曰『龍鍾稚子』，或言老，或言淚，或訓小人行，總皆狀其潦倒笨累耳。姚文燮曰：『竹曰龍鍾，生羅浮

地。』亦謂其大而笨累也。」蘇鶚演義亦謂：「龍鍾，蓋謂不昌熾不翹舉之貌。」本文龍隋，與鹿埵、隴種、龍湅、龍鍾，同爲雙聲聯綿詞，當是形容軍隊披靡不振作之狀。此句特言山鬬，按迎陵向阪，兵家所忌，蓋謂我在山上，敵在山下，敵避忌向阪，不來對戰，我當示以龍隋披靡之狀，設置埋伏，誘敵爲山鬬也。

㊻□□乖舉，所以厭津也　影本無注。今按，上句有缺文，意思不明，下句「厭津」，蓋指掩擊半渡之敵。厭即壓。國語晉語六：「荆厭晉軍」，韋注：「厭，謂掩其不備。」左傳襄公二十六年「晨壓晉軍而陳」，釋文：「壓，本又作厭。」厭壓古今字。津，説文：「水渡也。」

㊼不□侍卒，所以昧戰也　按缺圍原簡不清，下从心，影本釋爲「意」。侍，即待。卒，疑借爲猝。此句似謂出敵不意，猝然進攻，是爲昧戰。昧，默也，不宣而戰也。

㊽遏溝□陳，所以合少也　影本無注。今按，本書陳忌問壘：「疾利者，所以當溝池也。」此句之溝即溝池。兩軍對壘，敵衆我寡，合少卒爲陳，必依溝池，即憑藉有利地形之意。

㊾疏削明旗，所以疑適也　影本無注。今按，削即旓，見前文。疏旓明旗，謂旗幟疏列鮮明。本書十陣篇言疏陣「必疏距間，多其旌旗羽旄，砥刃以爲旁。」尉繚子兵教上：「自尉吏而下盡有旗。戰勝得旗者，各視其所得之爵，以明賞功之心。」可知古軍中之旗又代表各級尉吏。疏旓明旗，示尉吏多士卒衆，使敵疑怯。是疏陣以少擊衆之戰法。

㊿⿰票欠陳⿰車差車，所以從遺也　影本無注。今按，⿰票欠字，字書未見。説文：「票，火飛也。」火飛輕疾，故从票之字多有輕疾義，如僄、嫖、慓、剽、驃，古傳注多訓輕疾。票爲字根，僄、嫖等字皆其孳生。漢有票騎將軍，亦作驃騎；又有票姚校尉，史記作僄，杜甫詩作嫖姚；漢書「項羽慓悍」，史記作僄悍；此等

字皆互相通借。本書威王問篇有剽風之陣，此欵陣即剽風之陣也。䡨車，或以爲即𨏥車。左傳哀公六年「其臣差車鮑點」，注：「差車，主車之官。」説文繫傳引作𨏥車。按爾雅釋詁：「差，擇也。」詩小雅吉日「既差我馬」，傳：「擇也。」陳風東門之枌「穀旦于差」，箋：「擇也。」字音池。差車即擇車，䡨爲差字繁文。此文䡨車與剽陣對舉，蓋經過選擇的快車之稱。從，逐也，見詩齊風還傳。遺爲逸之借。左傳桓公八年「隨侯逸」，注：「逃也。」迅陣快車，正所以追奔逐北。

⑤①椎下移師，所以備强也　影本無注。今按，椎，疑即摧字。摧所从之崔，本作嵟，又作隹，而漢簡及帛書又往往以木旁爲手旁，故椎與摧易相不別。此言既已摧下敵人，宜即移師去之，爲的是防備其他後來的强敵。

⑤②浮沮而翼，所以隊鬬也　影本注釋：「未詳。」今按，浮沮，陣名。文選封燕然山銘「勒以八陣」，李善注引雜兵書：「八陣者，一曰方陣，二曰圓陣，三曰牡陣，四曰牝陣，五曰衝陣，六曰輪陣，七曰浮沮陣，八曰雁行陣。」又太白陰經卷六陣圖總序：「黄帝設八陣之形……飛翼浮沮，巽也。」浮沮即飛翼浮沮矣。隊爲隧之借，隧，路也，見前注。隧鬬猶上文山鬬，蓋指在隧路中戰鬬。道路之兩旁崖岸高者曰隧，現在河北山東之間尚有此種古道，今稱道溝，兩旁崖岸有高十餘丈者。孫臏曾利用此種地形之馬陵道，戰勝龐涓。浮沮陣具體陣法不詳，太白陰經云：「巽也。」巽於八卦爲風，故又云：「風附於天，風象峰，其形鋭，首利。」由此推想，浮沮陣可能是由踰高超遠、輕足善走之材士組成，輕忽鋭利，適合隧鬬。

⑤③襌袥蘽避，所以莠槖也　影本注釋讀襌袥爲嘽緩，今按，非也。原簡二字均從衣。襌，即單衣，説文：

「禪，衣不重也。」袥，當是括髮之括，涉上誤从衣也，字亦作髻。儀禮士喪禮「主人髻髮袒」，注云：「髻髮者，去笄纚而紒。」古人蓄長髮，束於頭頂然後加簪，蒙上纚，纚即網巾。去笄及纚叫做髻，所以禪括即單衣光頭，是不甲不冑，隨隨便便的裝束。蘗繁古今字。蘗避，影本注釋讀爲盤辟，是也。漢書何武傳「盤避雅拜」，注：「猶槃施也。」文選射雉賦「周環回復，繚繞磐辟」，注：「皆回旋往復不正之貌。」此係雙聲聯綿詞，故寫法不一。蕣橐，橐字影本釋躡。今按二字當釋誘躡。文選藉田賦注引説文：「躡，追也。」尉繚子經卒令：「莫敢當其前，莫敢躡其後。」此句謂單衣光頭，不甲不冑，行動不整，示敵無備，誘敵來躡也。「禪括盤辟」與下「澗練歎便」相反爲對。

㉔澗練歎便，所以逆喙也　今按，澗，説文作瀾，云：「淅也。」淅爲淘米。練，説文：「煮絲令熟也。」淅米練絲，反復用功多，故以爲精熟之稱，今通作簡練。歎，輕疾也。便，便捷也。呂氏春秋簡選：「精士練材。」荀子議兵：「輕利僄速。」即簡練歎便之意。逆喙，迎擊敵陣之喙。喙，解見前。

㉟堅陳敦□，所以攻棊也　影本無注。攻下之字不識。馬王堆帛書戰國縱橫家書第十二章有此字，用作人名，編者釋槥。敦下缺文，可能是「旅」字。左傳昭公二十三年：「敦陳整旅。」軍隊成形曰陣，未成陣曰旅。

㊱楑鑑藩薄，所以泫疑也　影本注釋釋楑爲揆，曰：「揆有破義。」又釋鑑爲斷。今按，楑即揆，度也。鑑當釋繼。藩薄，以草木爲籬落障蔽也。國語晉語八「以藩爲軍」，注：「藩，籬落也，不設營壘。」孫子行軍：「衆草多障者，疑也。」泫疑即眩疑。揆度地勢，設置藩薄而續長之，爲的是使敵眩惑。

㊲僞遺小亡，所以聰適也　今按，遺謂遺棄，亡謂亡失。言故意丢些牛馬物品以餌敵，令敵掠取，乘

勢擊之。䰟字字書未見。馬王堆帛書戰國縱横家書第四章，耻作䰟，第十七章耻又作餌，是古耻、䰟、餌三字通。本文當釋餌，有意遺物於道，以爲釣敵之餌。

㊽順明到聲，所以夜軍也　影本無注。今按，「順明到聲」當讀爲「巡明致聲」。順、巡同從川聲，聲義可通。河北平山戰國中山王墓出土銅鼎銅壺銘「順」「訓」均從心川聲，可參證。到、致形義相近，古亦通借，陝西岐山出土周匜銘文，致作到。致聲一語，今口語中有之，一般寫作「吱聲」。此句意爲夜間宿營，則當巡邏到天明，打更喊號發聲。

㊾佰奉離積，所以利勝也　影本無注。今按，佰奉疑即丼蜂。詩周頌小毖：「莫予丼蜂。」蜂又作峰，爾雅作甹夆，説文作俜作𢓜。佰奉、丼蜂、甹夆、俜𢓜是疊韵聯綿詞，字無定作也。爾雅釋訓：「甹夆，掣曳也。」注：「謂牽拕。」積，禾穀之聚曰積，即糧垜草堆，詳見威王篇注。軍用之積，散置各地，周禮遺人疏云：「三十里言委，五十里言積。」是國内每隔三五十里有積，故此言「離積」。楚辭招魂「離榭修幕」，注：「離，列也。」此言攻入敵境，掣曳其糧草之積，就地取給，有利於勝也。

㊿剛者，所以圉刼也　影本無注。今按，剛者疑指剛勇之部隊。言剛勇部隊可以抵禦攻刼。以威力奪取曰刼。圉，通禦。

(61)更者，所以過木□也　影本無注。今按，淮南子兵略：「萬人之更進，不如百人之俱至也。」注：「更，代也。」即輪流。過下缺文殘存左旁木，不知何字。

(62)所以厭阝□也　今按，厭下缺字殘存左旁阝，似「陳」字。厭陳即壓陣。參前「厭津」注。

(63)胡退糹□入，所以解困也　今按，胡與故通，墨子尚賢：「故不察爲政之本也。」故借爲胡。退字下之缺文尚殘存左旁糸。此句意爲，爲了解困，故意撤退入□。

此簡居末。全文十六簡，每簡三十至三十二字不等，多數爲三十一字。此簡三十一字，正好滿簡，不知其下是否有失簡也。

〔强兵〕

威王問孫子曰：「□□〔下缺〕(一)

〔上缺〕齊士教寡人强兵者，皆不同道，〔下缺〕(二)

寡人以正教者①，有教寡人以〔下缺〕(三)

〔上缺〕寡人以散糧者②，有教寡人以静者，(四)

〔上缺〕之□□行之教奚(五)

〔上缺〕非强兵之急者也③。」威(六)

〔上缺〕孫子曰：「富國。」威王曰：「富國〔下缺〕(七)

右强兵篇，影本正文八簡，附録六簡，共爲一篇。注釋云：「本篇提到齊宣王，文字風格亦與他篇有異，不像是孫臏書本文，估計可能是後人抄附在孫臏書後的。」

今按，本篇全爲斷簡，存字不多，前半内容主要以威王與孫臏問答形式論强兵之道，後半殘句乃記齊敗諸侯等事，内容前後不同，兹分爲兩篇。「厚，威王宣王以勝諸侯，至於」一簡，影本原列正文中，觀其語氣與「威王問」不倫，特移入下篇，如此則上篇七簡，下篇亦七簡也。下篇别録於後，姑題曰：齊勝諸侯。

簡既朽壞不完，篇題已失，文辭亦復斷續，影本編者根據上篇内容，題曰「强兵」，加括號誌之，今仍之。文中孫子指出「强兵之急者」，在於「富國」，與見威王篇「守必有委，戰必有義」，及篡卒篇「兵之富在於亟歸」，思想一致，則此篇似非後人抄附。

【注釋】

①正教　似謂正教化，即加强教育。

②散糧　似謂賑濟貧孤，以收民心。

③非强兵之急者也　按，此語與威王問篇「非其急者也」，語氣風格相同。

附殘簡

〔齊勝諸侯〕

〔上缺〕厚，威王宣王以勝諸侯，至於①（一）

〔上缺〕將勝之，此齊之所以大敗燕②〔二〕

〔上缺〕衆乃知之，此齊之所以大敗楚人③，反〔下缺〕〔三〕

〔上缺〕禽唐蔑也④。（下爲空白）〔四〕

〔上缺〕大敗趙⑤〔下缺〕〔五〕

〔上缺〕禽□睘⑥〔下缺〕〔六〕

〔上缺〕□人於醫桑而禽氾皋也⑦。（原簡也字塗墨爲方塊，下爲空白）〔七〕

右殘簡七段，字體相同，不知簡次孰爲先後，亦不知其出於何篇。影本原附録於强兵篇後，今以其内容記齊破國擒將之事，與强兵内容不屬，單列之。其中第一簡，影本在强兵中，今移於此，中有「威王宣王以勝諸侯」語，暫取以爲題，加括號誌之。又第七簡，影本原在「禽唐蔑」簡前，今觀該簡最後「也」字墨塗删去，下爲空白，文章已完，顯爲一篇之末，故移列於最後。凡此變動皆以意爲之，便於觀覽而已。

簡文所記齊敗趙、敗燕、敗楚諸役，大抵在公元前三三五至公元前二九六之間，最後一次伐燕已在湣王之時，非孫臏所及見矣。禽□睘及禽氾皋，二事無考，影本注釋疑擒氾皋爲湣王滅宋時事，但亦無證。

爲了便於參考，兹將戰國齊威、宣、湣三朝有關大事表列於下：

公元前	齊王年	大事
三五三	威四	齊田忌敗魏於桂陵；與宋、衛進圍襄陵。
三四一	威十六	齊田忌敗魏於馬陵，殺龐涓，擄太子申。
三三四	威廿三	會魏王於徐州，魏尊齊爲王。
三三二	威廿五	齊聯魏伐趙。
三二五	威卅二	齊敗趙於平邑，擄趙將韓舉。
三一八	宣二	宋偃王自立爲王。
三一七	宣三	齊敗趙、魏於觀澤。
三一五	宣五	齊田章破燕。
三一二	宣九	秦、魏、韓攻齊至濮水上，擄聲子（或作賚子）。
三〇七	宣十三	趙武靈王十九年，胡服騎射。
三〇三	宣十七	齊、魏、韓攻楚。
三〇一	宣十九	齊田章攻楚方城，殺楚將唐昧。

续表

公元前	齊王年	大事
二九八	湣三	齊、韓、魏攻秦，至函谷關。
二九六	湣五	齊伐燕，覆三軍，獲二將。
二八八	湣十三	齊爲東帝，秦爲西帝。十二月，齊去帝號。
二八七	湣十四	齊、楚、魏、趙、韓五國攻秦，罷成皋。
二八六	湣十五	齊滅宋。
二八五	湣十六	秦將蒙武攻齊，取九城。
二八四	湣十七	五國攻齊，燕將樂毅攻入齊都臨淄。

（參楊寬戰國史附戰國大事年表）

【注釋】

①影本此簡在强兵篇，今移入本篇。

②此齊之所以大敗燕　影本注釋：「齊敗燕，當指齊宣王伐燕事，見戰國策燕策一、孟子梁惠王下及史記等書。事在公元前三一四年。」今按燕策一：「（齊宣）王因命章子將五都之兵，以因北地之衆，以伐燕。士卒不戰，城門不閉，燕王噲死，齊大勝燕，子之亡。」（史記燕世家、孟子梁惠王下略同）此

役在齊宣五年，即公元前三一五年。傳世有陳璋壺（今在美國），是陳璋（即田章，亦即匡章）伐燕，自燕擄獲的燕器，陳璋自刻銘曰：「惟主五年，奠□陳得再立事歲，孟冬戊辰，大將□子陳璋內（入）伐匽（燕）亳邦之隻（獲）。」（圖及拓本見陳夢家美刧A．346，R．433。）惟主五年即齊宣王五年也。

③此齊之所以大敗楚人　影本注釋：「齊敗楚，疑指齊與韓、魏等國伐楚取重丘（或曰攻方城）之戰，見史記楚世家、戰國策秦策等篇及呂氏春秋等書。事在公元前三〇一年齊湣王初立時。」今按，史記楚世家懷王二十八年：「秦乃與韓魏共攻楚，殺楚將唐昧，取我重丘而去。」同書秦本紀昭襄王八年：「使將軍芈戎攻楚，取新市。齊使章子，魏使公孫喜，韓使暴鳶，共攻楚方城，取唐眛。」（亦見秦策）此役在公元前三〇一年，即齊宣十九年。下面第四簡「禽唐薎也」當接此簡下，可能是一簡之折。

④禽唐薎也　影本注釋：「唐□，疑即唐眛。」今按，原簡唐下字，影本未釋，此字較模胡，然所存筆畫多，細看確是「薎」字。此字從目蔑聲，楷作䁾，省作蔑。荀子議兵：「楚人鮫革犀兕爲甲，鞈鉅鐵釶，慘如蠭蠆，輕利僄遬，卒如飄風，然兵殆於垂沙，唐蔑死。」商君書弱民：「秦師至，鄢郢舉，若振槁，唐蔑死於垂涉。」呂氏春秋處方：「齊使章子與韓魏攻荆，荆使唐蔑將兵應之，夾泚而軍，章子夜襲之，斬蔑於是水之上。」（沙、涉、泚，蓋一水之名，三書有訛。）是此人之名，先秦書皆作唐蔑，史記秦本紀楚世家則皆作唐昧。昧，蓋眛之誤，眛䁾同從目，而未蔑聲同紐也。

⑤大敗趙　影本注釋：「齊敗趙，疑指勝趙於平邑，俘趙將韓舉之戰，見竹書紀年及史記趙世家，事在公元前三一五年。」今按，齊敗趙，史載有二次：趙世家肅侯二十三年：「韓舉與齊魏戰，死於桑丘。」此役，據楊寬先生推定，在公元前三二五年，爲齊威王三十二年。趙世家又記：趙武靈王九年：

「齊敗我觀澤。」此役在公元前三一七年，爲齊宣王三年。簡文未知孰指，也可能兼指二役。

⑥禽□睘　今按，原簡睘上之字，尚存殘畫，似是「敖」字。但敖睘亦無考。

⑦□人於齧桑而禽氾皐也　影本注釋：「人上一字疑是宋字。宋於齊湣王十五年爲齊所滅，此處所記可能是滅宋以前的某次戰役。齧桑，今江蘇沛縣。荀子王霸説齊湣王在大敗於燕以前『……强，南足以破楚，西足以詘秦，北足以敗燕，中足以舉宋。』故簡文所説大敗燕等戰役也可能指的是湣王時的戰爭。」今按，史記魏世家襄王十二年「與秦相張儀會齧桑」，集解徐廣曰：「在梁與彭城之間。」絳侯世家「攻齧桑，先登」，索隱引徐氏同上。漢書周勃傳補注引讀史方輿紀要：「齧桑亭在沛縣西南。」河渠書瓠子歌曰「齧桑浮兮淮泗滿」，集解如淳曰：「邑名。」由以上這些史料看，齧桑在今沛縣西南，地近淮泗，戰國時應屬宋地。考史記宋世家：「宋君偃十一年自立爲王（當齊宣二年），東敗齊，取五城；南敗楚，取地三百里；西敗魏軍，乃與齊魏爲敵國。……王偃立四十七年（六國表作四十三年），齊湣王與魏伐宋，殺王偃，遂滅宋。」宋王偃四十餘年，跨齊宣、湣兩朝，與齊大戰恐不止一二次，則此次齧桑之役，亦未必不在齊宣王時也。氾皐，其人無考。句末「也」字，原簡塗墨作方塊，但仍看出是「也」字。其下空白數字。無字數統計，是全篇末簡。

孫臏兵法校理　下編

十陣

十陣①

●凡陣有十：有枋陣，有員陣②，有疎陣，有數陣③，有錐行之陣，有鴈行之陣④，有鈎行之陣⑤，有玄襄（一）之陣⑥，有火陣，有水陣，此皆有所利。枋陣者，所以剸也。員陣者，所以槫也⑦。疎陣者，所以吠也⑧。（二）數陣者，爲不可掇⑨。錐行之陣者，所以夬絶也⑩。鴈行之陣者，所以接射也⑪。鈎行之陣者，所以（三）變質易慮也⑫。玄翼之陣者，所以疑衆難故也⑬。火陣者，所以拔也⑭。水陣者，所以倀固也⑮。（四）

枋陳之法，必鬴中厚方⑯，居陳在後⑰。中之鬴也，將以吷也。重□其□，將以剸也。居陳在後，所以□⑱（五）

〔中缺〕

〔上缺約三字〕其甲寡而人之少也，是故堅之。武者在旌旗，是人者在兵⑲，故必疎鉅間⑳，多其旌旗羽旄，砥（六）刃以爲旁。疎而不可戚，數而不可軍者，在於慎㉑。車毋馳，徒人毋騶㉒。凡疎陳之法，在爲數醜㉓，或進（七）或退，或毄（擊）或䫉㉔，或與之征㉕，或要其衰㉖，然則疎可以取閱（鋭）矣㉗。〔下爲空白〕（八）

數陳之法，毋疎鉅間，戚而行首積刃而信之，前後相葆㉘，變不□=，甲恐則坐㉙，以聲坐□，往者弗送，（九）來者弗止，或毄（擊）其迂，或辱其閱（鋭）㉚，笄之而无間㉛，軷山而退㉜，然則數不可掇也㉝。（一〇）

●錐行之陳，卑之若劍㉞，末不閱（鋭）則不入，刃不溥則不剸㉟，本不厚則不可以列陳㊱。是故末必閱（鋭），刃必溥，（一一）本必鳵㊲。然則錐行之陳，可以夬絶矣。〔下爲空白〕（一二）

〔上缺約二十字〕中，此謂鴈陳之任，前列若□，後列若貍，三(一三)

〔上缺〕闕羅而自存，此之胃（謂）鴈陳之任。〔下爲空白〕(一四)

鉤行之陳，前列必枋，左右之和必鉤㊳，參聲氣全，五菜必具，辯吾號聲，知五旗㊴，无前无後，无(一五)

〔中有缺簡〕

●玄翼之陳，必多旌旗羽旄，鼓罤=莊㊵，甲亂則坐，車亂則行，已治者□，榼=啐=㊶，若從天下，若從(一六)

地出㊷，徒來而不屈，終日不拙㊸，此之胃（謂）玄翼之陳㊹。(一七)

●火戰之法㊺，溝壘已成，重爲溝漸五步，積薪必均疎數㊻，從役有數㊼令之爲屬枇㊽，必輕必利，風辟(一八)

〔上缺約十四字〕火氣自覆，與之戰弗克，坐行而北㊾。火戰之法，下而衍以芥㊿，(一九)

三軍之士，无所出泄，若此則可火也。陵猋蔣芥，薪蕘氣（既）積(51)，營窋未謹(52)，如此者可火也。以火亂(二〇)

之，以矢雨之，鼓譟敦兵(53)，以埶（勢）助之。火戰之法(此簡完整，但以下文字泐失)(二一)

●水戰之法(54)，必衆其徒而寡其車，令之爲鉤、楷、蓯、柤、麕、輯、□、綘，皆具(55)。進則必逐，退則不戚[56]，方（二二）戚從流，以適（敵）之人爲召[57]。水戰之法[58]，便舟以爲旗，馳舟以爲使，適（敵）往則逐，適（敵）來則戚，推攘[59]（二三）因慎而飭之[60]，移而革之，陳而支之，規而離之[61]，故兵有誤，車有御徒[62]，必察其衆少[63]，毄（擊）舟頯津[64]，示民（二四）徒來[65]，水戰之法也　　七百八十七（二五）

右十陣篇，影本存二十五簡（包括殘簡四），前有篇題，寫在第一簡簡背，後有字數統計，寫在第二十五簡簡末，中間有缺文和缺簡，現存共有七百字，較之原數七百八十七，缺八十七字，仍保存了全文的近百分之九十的內容。茲依影本編次，各簡重編序號，缺失之簡，予以標明，因缺簡若干不能確知，故不編號。

本篇論方陣、圓陣、疏陣、數陣、錐行之陣、雁行之陣、玄襄之陣、火陣、水陣等十種陣法。全文共分十一章，第一章總論十陣，以下各章分論各陣，各章自爲起訖，章首以圓點誌之（也有無圓點者），中唯圓陣之法一章簡失不存。

古代陣法失傳，古書記載缺略，後世學者多懸測臆説，甚至塗以陰陽迷信色彩，令人惑悶莫解。本篇論述十種陣法之名稱、要點和作用，出於實際，全不神秘，爲我們研究古代軍事學史，提供了可貴資料。

【注釋】

①十陳　按，古書陣通作陳，今不改釋。

②有枋陳，有員陳　影本注釋讀爲方陣圓陣。今按，本書陳忌問壘篇：「高則方之，下則員之。」圓作員，方不作枋。

③有疎陳，有數陳　影本注釋：「疎，稀疎。數，密集。」今按，孟子梁惠王上「數罟不入洿池」，趙注：「數罟，密網也。」鹽鐵論散不足「長轂數輻」，亦謂密輻。左傳文公十六年「無日不數於六卿之門」，杜注：「不疏也。」

④有錐行之陳，有鴈行之陳　按錐行之陣、雁行之陣，詳本書威王問篇注。

⑤有鈎行之陳　影本注釋引左傳哀公十七年「越子爲左右句卒」，杜注：「句卒，鉤伍相著，別爲左右屯。」云：「其陣形當與此相類。」今按，左傳全文云：「越子伐吴，吴子禦之笠澤，夾水而陳。越子爲左右句卒，使夜或左或右鼓譟而進。吴師分以禦之。越子以三軍潛涉，當吴中軍而鼓之。吴師大亂，遂敗之。」由此看來越王設左右句卒是爲聲勢以分散吴軍注意力，而以三軍攻吴中軍，終於取勝。古行軍通常分爲中軍、左軍、右軍三部，稱爲三軍。今越王於三軍之外復爲句卒。不成軍，故曰卒。又與三軍相連，故曰句也。句、鉤古今字，卒、行皆謂隊伍。越之句卒，蓋即此之鉤行。鉤謂與三軍相鉤連，非謂隊形如鉤，本篇下文云「左右之和必鉤，三聲既全，五菜必具」，正是左右行與三軍相連而不是互相獨立的意思。

⑥有玄襄之陳　影本注釋云：「義未詳。」今按，詩小雅大東「跂彼織女，終日七襄」，毛傳：「襄，反也。」疏：「襄反者，謂從旦至暮七辰而復反於夜也。」意爲織女星運行，從早到晚經卯、辰、巳、午、未、申、酉七個時辰而復返於夜。鄭箋則謂：「襄，駕也，駕更其肆也。」鄭意與毛傳同，而又想像織女是駕車而行。愚謂玄襄之襄，即襄反、襄駕之襄。下文言此陣「徒來而不屈，終日而不拙」，榼榼啐啐，玄妙莫測，所以稱爲玄襄之陣。襄之後起字作驤，本篇下文作翼，從羽與從馬意同也。

⑦枋陳者，所以剸也。員陳者，所以槫也　影本注釋云，剸讀本字，槫讀爲專或團。今按，此説非。蓋剸同專，槫同轉。馬王堆帛書戰國縱横家書及老子乙本卷前古佚書，俱以剸爲專，以槫爲轉。本書篡卒篇「得主剸制」，亦以剸爲專，蓋漢初通行字如此。此專字，史記又作摶（从手專聲），田敬仲完世家：「（韓）馮因摶三國之兵」，集解徐廣曰：「音專，專猶併合制領之謂也。」方陣之制，大將居中，四面諸部連繞（參八陣篇注），便於主將統一制領者也。槫之爲轉，隸書從車之字有時改從木，如輗亦作梖。轉，説文：「運也。」圓陣之法，簡文缺失不明，也許是便於運轉的一種陣形。影本注釋又説「方陳主攻，圓陣主守。」但是自引黄帝問玄女兵法：「敵人爲曲陣，己以圓陣攻之，圓陣者土陣也。敵人爲直陣，己以方陣攻之，方陣者金陣也。」（北堂書鈔一一七卷）此明言方陣圓陣皆主攻。方陣圓陣作用之别在專與轉耳。

⑧疎陳者，所以吠也　「所以」下面的字，影本釋爲「吠」。此字本篇兩見，形似口下犬。今觀簡文，上不从口，且釋吠亦不可通。疑爲犮字，即犯字，未能定。本文姑依影本寫作吠，待考。

⑨數陳者，爲不可掇　影本注釋：「掇，疑讀爲剟，割取。」今按，此説是。漢書賈誼傳「剟寢户之簾」，

注：「割取之也。」商君書定分：「有敢剟定法令，損益一字以上，罪死不赦。」亦割取義。數陣，「毋踈距間」，「前後相保」，故難分割。

⑩錐行之陳者，所以夬絶也　影本釋夬爲決。今按，是也。説文：「夬，分決也。」夬爲本字，決是借字，決斷也。本書威王問篇：「錐行者，所以衝堅毁兑（鋭）也。」可互參。

⑪鴈行之陳者，所以接射也　影本釋接爲接，謂：「以弓矢交戰謂之接射。」今按，接即接字。銀雀山同出漢簡孫子兵法佚篇接作接。雲夢睡虎地秦簡爲吏之道亦以接爲接。以弓矢交戰，古無此例，接當讀爲捷。荀子大略「先事慮事謂之接」，楊注：「接，讀爲捷，速也。」本書威王問篇：「雁行者，所以觸側應□也。」雁行之陣當是狀如人字之陣形，此種陣形，射箭時，前後無礙，所以謂之捷射。

⑫鉤行之陳者，所以變質易慮也　影本注釋：「慮，計謀，指作戰的方針計劃。」又訓質爲本，説云：「疑此句意謂鉤行之陣宜在改變作戰計劃時運用。」今按，此説不可通，改變作戰計劃必用鉤行之陣，尤不合理。質，當訓箭靶。荀子勸學：「質的張而弓矢至焉。」周禮天官司裘「王大射，則共虎侯」句下鄭司農注：「方十尺曰侯，四尺曰鵠，二尺曰正，四寸曰質。」小爾雅：「侯中者謂之鵠，鵠中者謂之正。」古之箭靶，譬如現在射擊用的槍靶，其上有環。箭靶之「環」最小者名曰質，也最難射中。此處之質是目標之意。慮，蓋指敵人之謀慮。此言我爲鉤行之陣，爲的是變易敵人的攻擊目標，改易其謀慮。前注引左傳越子爲左右句卒以敗吴，正是分散吴軍之目標，使之措手不及而陷於大亂。

⑬玄翼之陳者，所以疑衆難故也　影本注釋無的解。今按，翼即驤，已詳前注。故，通固，固又通錮。素問「諸厥固泄」，注：「禁錮也。」下文言玄翼陣法：「若從天降，若從地出，徒來而不屈，終日而不

拙。」正所以令敵衆生疑，又不易圍裹錮禁我也。

⑭火陣者，所以拔也　按，戰國策秦策二「明日鼓之，宜陽拔」，韋注：「拔，得也。」秦策三「拔燕酸棗」，韋注：「拔，取也。」漢書高帝本紀「攻碭三日拔之」，師古注：「拔者，破城邑而取之，言若拔樹木，並得其根本也。」火陣攻敵，玉石俱焚，若連根拔樹木矣。

⑮水陣者，所以倀固也　影本無注。今按，倀爲漲之借。説文無漲字，文選郭璞江賦「躋江津而起漲」，此漲字之早見者，李善注云：「漲，水大之貌。」固，城郭溝池山險之可守者曰固。周禮夏官序官「掌固」，注云：「固，國所依阻者也。國曰固，野曰險。」掌固職云：「掌修城郭溝池樹渠之固。」此句謂敵人守固難取，則爲水陣漲而灌之。本書官一篇「襲國邑以水則辦」，可爲注脚；戰國時韓趙魏攻智伯於晉陽，三月不能拔，決晉水而灌之，遂敗智伯，此漲固之實例也。

⑯枋陣之法，必䤢中厚方　按影本注釋讀方爲旁，是；而釋䤢爲薄，則非。下文有薄字，作溥。此䤢字，當釋博。博，廣也。言方陣中間宜廣，所謂方陣虛中；四方宜厚，所謂諸部連繞也。

⑰居陣在後　影本無注。今按，陣不動不用爲居陣。韓詩外傳：「方居則若盤石之不可拔也。」方陣，即八陣（見八陣篇），包含四個或八個小陣，其不動不用之小陣宜居在後。八陣篇云：「用陣三分，誨陣有鋒，誨鋒有後，皆待令而動，鬭一守二。」居陣殆即守陣，猶鋒之有後也。

⑱此六句，吠字不識，又有缺文，意義不明瞭。

⑲武者在旌旗，是人者在兵　影本注釋：是讀爲示，謂「顯示軍陣之威武者在於旌旗與武器」。今按，説是也。此章言疏陣之法，前有缺文，言疏陣人少，故以旌旗兵器壯威武。

⑳故必疎鉅間　影本注釋：鉅，疑讀爲距，引一説讀拒，即左傳之左拒右拒。今按，左傳桓公五年：「鄭子元請爲左拒以當蔡人衛人，爲右拒以當陳人。」杜注：「拒，方陳。」本章言疎陣，恐非方陣之拒，應讀間隔距離之距。疎陳與數陳對言，下文數陣之法「毋疎鉅間，戚而行首積刃而信之，前後相葆」，亦不涉左拒右拒也。

㉑疎而不可戚，數而不可軍者，在於慎　按影本，戚釋蹙，是對的；而釋蹙，迫也，釋軍，圍也，却不對。詩小雅節南山「蹙蹙靡所騁」，傳云：「縮小之貌。」國語晉語四：「晉師軍於廬柳」，韋注：「軍，猶屯也。」本文此句似謂稀疎之陣應能縮，密集之陣應能屯，若不可縮、不可屯，這要謹慎。言疎距不可太遠，密集不可太近也。

㉒車毋馳，徒人毋騶　影本注釋：徒人，步卒。騶即趨，疾走。今按，是也。言疎陣數陣，車與人都不要奔馳，蓋疎陣馳則易散，數陣馳則易擁擠也。

㉓凡疎陳之法，在爲數醜　按，國語楚語下，觀射父曰：「五物之官，陪屬萬，爲萬官；官有十醜，爲億醜。」注：「醜，類也。」類謂羣類。影本注釋曰：「使用疎陣之法時，要把軍隊分爲數羣。」是也。連下文乃謂疎陣分爲數部，各予以任務，使之或進或退，或擊或⿰豸頁。

㉔或毄（擊）或⿰豸頁　影本注釋謂⿰豸頁即毅字。今按，非也，或擊或毅句不可通。⿰豸頁殆即豗字，豗所從之兀即頁之省文。文選海賦「磊匒匌而相豗」，李善注：「相豗，相擊也。」

㉕或與之征　影本無注。按，詩魯頌泮水「桓桓于征」，箋云：「伐也。」

㉖或要其衰　按，謂截擊敵之衰乏部隊。

㉗疎可以取閲（鋭）矣　影本閲釋鋭。按本書威王問篇，鋭作兑。鋭指鋭師，戰國策齊策一：「約而出鋭師。」

㉘戚而行首積刃而信之，前後相葆　影本注釋戚讀蹙，信讀伸。今按，是謂數陣密集，令行伍之首多持兵刃，向外伸之。然信亦訓陳，見勢備篇注，陳謂陳列。葆即保，前隊後隊互相保助。

㉙甲恐則坐　上下有缺文，此句似言甲士恐懼，則令坐之。司馬法嚴位：「畏則密，危則坐。」立則易亂，坐則鎮静。意爲密集之陣，在强敵之前宜堅持勿動。下文「往者弗送，來者弗止」，亦謂敵雖往來，不分散隊伍以追逐也。

㉚或毄（擊）其迂，或辱其閲（鋭）　按，二句爲對文，迂謂敵迂迴而來者，鋭謂敵之直來者。影本注釋迂讀爲竄，非；引釋名釋言語：「辱，衄也，言折衄也。」文選吴都賦正作「衄鋭挫鋩」。衄，挫敗之也。

㉛笄之而无間　按，笄，爲羿之别體，已詳本書勢備篇注，彼作人名，此則取其本義也。説文：「羿，羽之羿風也。」指鳥羽上之細毛所以御風者。其物在羽上排列有序，又極緻密，以喻數陣密集有序而無間，極妙。

㉜輱山而退　按説文有輱字，云「車耳反出也」，乃别一字。此處之輱，疑返之借，説文：「返，還也。」廣雅釋詁二：「返，歸也。」字亦作仮。返山而退猶言退如山返，吴子應變「退如山移，進如風雨」，與此意同。影本注釋讀爲蹣跚，非也。

㉝然則數不可掇也　按，數陣行動如山之移，故不可分割。掇，割取也，解見前。

㉞卑之若劍　影本卑釋譬。余謂乃俾之省，俾，使也。

㉟末不閲(鋭)則不入，刃不溥則不剸　按，末指劍鋒。溥借爲薄。剸，用本義，截斷也。

㊱本不厚則不可以列陣　影本注釋：「本，疑指劍身。」今按，本與末爲對文，當指劍之後部，以喻陣之後部。列，原簡作死字。本書列死寫法相同，此當讀列。列陣即裂陣，列從刀，乃裂之本字。

㊲本必鳿　鳿，影本釋鴻。今按，説文䧆下云：「鳥肥大䧆䧆也，从隹工聲。䧆或从鳥。」鴻下云：「鴻鵠也，从鳥江聲。」鳿鴻本非一字，古多借鴻爲鳿大之義，本篇尚存本讀。

㊳左右之和必鉤　影本注釋引周禮大司馬鄭注：「軍門曰和。」謂：「軍陣之左右翼亦稱左右和。」今按，大司馬原文：「以旌爲左右和之門。」則左右和本爲左右翼之稱，非指軍門，鄭注誤也。韓非子外儲説左上：「李悝與秦人戰，謂左和曰：『速上，右和已上矣！』又馳而至右和曰：『左和已上矣！』左右和曰：『上矣。』於是皆争上。」此左右和明非軍門也。鉤，謂鉤連。參前「鉤行之陣」注。

㊴參聲氣全，五菜必具，辯吾號聲，知五旗　按，参同三。三聲當指金、鼓、笳笛。氣，借爲既，本書十問篇同。菜，借爲彩。漢帝堯碑「眉八菜」，與此同。五彩指五色彩章，本書官一篇云：「踐令以采章。」辯，同辨，分辨、辨識也。五旗，指五種旗幟。吴子應變：「凡戰之法，晝以旌旗旛麾爲節，夜以金鼓笳笛爲節，麾左而左，麾右而右，鼓之則進，金之則退，一吹而行，再吹而聚。」

㊵鼓罪＝莊　影本注釋説云：罪字下之符號可能是重文號，也可能是合文號。如是合文號，則此句當讀作「鼓羽非莊」。今按，本書擒龐涓篇「夫＝」爲合文號，讀爲「大夫」，因夫字含有大字，故用合文號也。此處文例不同，當是重文號，讀爲「鼓罪罪莊」。罪字字書未見，字从非聲，疑爲輩字别體。説文：「輩，若軍發車，百兩爲一輩。」輩是車隊之稱。莊，疑借爲壯。逸周書謚法：「兵甲亟作曰莊，

勝敵致强曰莊，屢征殺伐曰莊。」莊字並借爲壯。此句蓋言鼓聲起，車隊輩輩壯盛也。

㊶榼=啐=　影本注釋：「榼榼啐啐，疑指士卒鼓譟之聲。」又謂榼榼啐啐與上林賦「翕呷萃蔡」音近，疑爲衣聲。今按，榼當借爲磕，字又作礚，作嗑。文選高唐賦「礚震天之礚礚」，注引字林：「大聲也。」甘泉賦「登長平兮雷鼓嗑嗑」，注亦曰：「大聲也。」啐，説文：「驚也。」朱駿聲云：「當爲驚聲也。」（説文通訓定聲）可知四字皆形容大聲，即車馬人徒之聲，非鼓譟，亦非衣聲也。

㊷若從天下，若從地出　影本注釋引六韜及淮南子均有此二語。按，六韜虎韜必出：「敵人若驚，勇力冒將之士疾擊而前，弱卒車騎以屬其後，材士强弩隱伏而處審，候敵追我，伏兵疾擊其後，多其火鼓，若從地出，若從天下，三軍勇鬭，莫我能禦。」淮南子兵略：「善者之動也，神出而鬼行，星燿而玄逐，……與飄飄往，與忽忽來，莫知其所之；與條出，與間入，莫知其所集；卒（猝）如雷霆，疾如風雨，若從地出，若從天下，獨出獨入，莫能應圉。」可見此二語爲古兵家所常用。

㊸徒來而不屈，終日不拙　影本注釋：「徒，步兵。屈，窮盡。」今按，孫子行軍：「塵高而鋭者，車來也，卑而廣者，徒來也。」車、徒對舉，徒指步兵。屈是竭盡之意，管子心術「虚則不屈」，荀子王制「財物不屈」，呂氏春秋慎勢「堯且屈力」，注皆云：「竭也。」拙，影本未注。按説文：「拙，不巧也。」廣雅釋詁三：「拙，鈍也。」

㊹此之胃（謂）玄翼之陣　由以上看來，玄翼之陣可能一種流動不息顯示威武之陣。

㊺火戰之法　影本注釋云：此節文字分前後兩段，第一段言防禦火攻之法，第二段重複「火戰之法」四字，言火攻敵軍之法。今按，説是也。自第十八簡「火戰之法」至第十九簡「坐行而北」，言防禦。

自第十九簡「火戰之法，下而衍以⿱艹外」至第二十一簡，言火攻。

㊻重爲溝漸五步，積薪必均疎數　影本「五步」二字屬下讀。今按當屬上讀。漸即塹，或作壍。淮南子兵略：「莫不設渠壍傅堞而守。」説文：「塹，阬也。」此言在溝壘之外復爲寬度五步之塹，而堆積柴草要均其疎密，皆爲防火措施。

㊼從役有數　按，役即役，説文：「役，古文从人。」言有一定數量的人員服役掌管。

㊽令之爲屬枇　影本無注。按，枇爲梐之省文，即梐枑也。周禮掌舍：「掌王之會同之舍，設梐枑再重」，注：「梐枑謂行馬。」此物以木交叉製成，中連以長木，用以臨時阻行人者，漢稱行馬，明清稱拒馬杈子，亦稱擋衆。屬梐，連屬的梐枑，可以防敵進攻。

㊾火氣自覆，與之戰弗剋，坐行而北　按，此簡上缺約十四字，這幾句似謂：大火燒了自己，再戰不能取勝，只好敗走。氣，影本釋既，按讀本字亦通。坐謂不戰，行謂逃走。北，漢書高帝紀「項羽追北」，韋昭注：「北，古背字也，背去而走也。」左傳桓公九年「以戰而北」，注：「走也。」

㊿下而衍以⿱艹外　此下言火攻敵人，謂敵軍所處低下，又生滿野草，士卒無處逃脱，就可用火攻。衍，荀子賦篇「暴人衍矣」，注：「饒也。」文選西京賦「篠簜敷衍」，注：「蔓也。」此衍字之義也。⿱艹外字不識，字書所無。字从艸外聲，以音求之，可能爲薈字別體，外薈雙聲同部。説文：「薈，艸多貌。」廣雅釋詁一：「薈，翳也。」又：説文閒古文作閞。⿱艹外字从艸省門，即蕑字矣。蕑是一種野草。

51陵猋蔣⿱艹外，薪蕘氣（既）積　按，猋乃飆之省。飆，暴風也。本書官一篇，飆風作「猋凡」皆省文。陵，通凌。陵飆猶言凌風。蔣，菰蒲。蔣蕑泛指水陸叢生亂草。此言敵軍駐地雜草凌風而生，其所用之薪蕘又積聚成堆。

52營窋未謹　影本注釋：「營窋，疑即營窟。」引禮記禮運「冬則居營窟」，孔疏：「營累其土而爲窟。」今按，營窋即營窟無疑，作竹頭簡文省筆也。孔疏原文爲：「冬則居營窟者，營累其土而爲窟，地高則穴於地，地下則窟於地上，謂於地上累土而爲窟。」説文：「營，帀居也。」故朱駿聲解營窟爲「四圍擁土」。（見説文通訓定聲營字下）未謹，不謹嚴。

53鼓譟敦兵　影本注釋：「敦，勉也。」今按，注不確。兵，指兵器；敦兵，謂敲擊兵器。淮南子兵略：「彈琴瑟，聲鐘竽，敦六博，投高壺。」注：「敦者，致也。」朱駿聲云：「致者，敲之誤。」

54水戰之法　影本注釋：「水戰之法亦分兩段。疑亦是第一段言防禦敵人自水上進攻之法，第二段言自水上進攻敵人之法。」今按，自第二十二簡至第二十三簡上半截爲第一段，以下爲第二段。

55令之爲鉤、楷、蓯、柤、臧、輯、□、絳，皆具　今按，此八物蓋皆水戰所必需之工具，影本無注，兹略考之：鉤，墨子魯問：「公輸子自魯南游楚，焉始爲舟戰之器，作爲鉤强之備，退者鉤之，進者强之。」孫詒讓閒詁：「畢云：太平御覽引作『謂之鉤拒，退則鉤之，進則拒之』也。詒讓案：退者以物鉤之則不得退，進者以物拒之則不得進，此作鉤强，無義，凡强字並當依御覽作拒。事物紀原引亦同。備穴篇有鐵鉤鉅，備高臨篇説弩亦有鉤距。鉅、距、拒義並同，故下文亦云：子拒而距人，人亦拒而距子。荀子議兵篇説楚兵云宛鉅鐵鉇，疑宛鉅亦兵器之名。」柤，湖北江陵鳳凰山漢墓遺策，其中有八簡均書：「大婢某操柤。」金立同志釋爲鉏，即鋤。（見文物一九七六年第六期）愚按，婢不宜用鋤，本篇柤用於水戰，亦不得釋鋤。柤、杵古音同部，疑當借爲杵。杵所以舂米，亦所以築土防水之器。

輯，當即楫。方言九：「楫謂之橈，或謂之櫂。」即船槳。漢書賈誼傳「亡維楫」，注：「所以刺船也。」同書元后傳：「輯濯越歌。」以輯爲之。輯下一字，原簡印刷不清，影本釋羸，可能真簡尚可辨。羸，借爲籯。方言五：「筲或謂之籯。」廣雅釋器：「籯，筩也，籠也。」淮南子氾論「軸蹻羸蓋」，即以羸爲籯，注：「囊也。」則籯是筩囊之屬，亦所以盛土運土之器。絳，原簡此字左旁模胡，也可能是栙字，或絳借爲栙。説文：「栙，栙雙也。」朱駿聲云：「如今糧艘以篛席爲帆。」字亦作篷，廣韻：「篷，織竹夾箬覆船也。」楷，疑梐字別體，即上文枇字。枇即梐枑。蓯、戚二者未詳，俟考。

㊱進則必遂，退則不戚　影本釋爲：「進則必遂，退則不戚。」審原簡，必下確是逐字，而非遂字；不下字存右旁戈，左旁不清。

㊲方戚從流，以適（敵）之人爲召　按，召即箭靶，亦作柖、作昭，見地葆篇注。方戚，原簡戚字殘損情況同上句戚字，影本注釋：「疑當讀爲旁蹙。」以適（敵）之人爲召，言以敵人爲目標而射之。

㊳水戰之法　按，此下言自水上攻敵之法。便舟、馳舟，舟名。以爲旗，當謂舟上載旗爲號令。以爲使，當謂聽令戰鬬。適往、適來，謂敵退敵進也。

㊴推攘　按，鹽鐵論西域：「先帝推攘，斥奪廣饒之地。」推攘乃排斥、擊退之意。此二字在簡末，其下似有缺簡。

㊵因慎而飭之　按，飭疑飭之省文，廣雅釋詁二：「飭，備也。」此言謹慎戒備。

㊶移而革之，陳而支之，規而離之　按此三句與上「因慎而飭之」，疑爲韻語，飭、革、支、離爲韻也。移，荀子大略「移而從所仕」，注：「移，就也。」蒼頡篇：「革，戒也。」陳，列陣。支，影本注釋：「此字

有殘損，可能是攴字，也可能是支字或丈字。」按釋攴是，此處攴離分用。文選魯靈光賦「攴離分赴」，注：「分散也。」規，淮南子主術「若欲規之，乃是離之」，注：「言嗜欲有所規合。」規，規合。此三句，謂水戰敵移則戒之，敵將陣則分散之，敵合陣則離破之。

(62)故兵有誤，車有御徒　影本無注。今按，誤當是鋘之借。鋘，即鏵，説文作芣，「兩刃臿也」。鏵如今之鐵鍬，有左右兩刃，芣字上半象之，下爲木柄。本爲農具，可以掘土引水。此言水戰兵器中要有鏵，以備治水，兵車上要有御（駕車者），有徒（跟車者）。

(63)必察其衆少　按，此似言察敵之多少，作上述準備。

(64)毄（擊）舟䫉津　影本無注。今按，津，渡口。䫉，亦擊也，見前「或擊或䫉」句注。本書官一篇云：「□□乖舉所以厭津」，䫉津、厭津意近。

(65)示民徒來　按，民徒似爲一詞。

十問

十問

●兵問曰：交和而舍①，粱食鈞足②，人兵適衡③，客主兩懼④，適人員陳以胥⑤，因以爲固，毄之奈何？曰：（一）

毄此者，三軍之衆，分而爲四五，或傅而詳北⑥，而示之懼。皮見我懼⑦，則遂分而不顧⑧，因以亂毀其固，（二）

駟鼓同舉⑨，五遂俱傅⑩，五遂俱至，三軍同利。此毄員之道也。〔下有空白〕（三）

●交和而舍，適富我貧，適衆我少，適强我弱，其來有方⑪，毄之奈何？曰：毄此者，□陳而□之，規而離（四）

之⑫，合而詳北，殺將其後，勿令知之。此毄方之道也。〔下有空白〕（五）

●交和而舍，適人氣衆以强，巠疌以剛，兑陳以胥⑬，毄之奈何？毄此者，必參而離之，一者延而衡⑭，二者（六）

〔上缺約五字〕恐而下惑，下上氣亂，三軍大北。此毄兑之道也。〔下有空白〕（七）

●交和而舍，適氣衆以强，延陳以衡。我陳而侍之，人少不能，毄之奈何？毄此者，必將參分我兵，練我（八）

死士，二者延陳長罡，一者財士練兵，期其中極⑮，此殺將毄衡之道也。〔下有空白〕（九）

●交和而舍，我人兵則衆，車騎則少，適人什負⑯，毄之奈何？毄此者，當葆險帶隘，慎避光易⑰。故（一〇）

易則利車，險則利徒。此毄車之道也。〔下有空白〕（一一）

●交和而舍，我車騎則衆，人兵則少，適人什負，毄之奈何？　毄此者，慎避險且，決而道之⑱，牴諸易⑲，適（一二）唯什負⑳，便我車騎，三軍可毄。　此毄徒人之道也。〔下爲空白〕（一三）

●交和而舍，粱食不屬，人兵不足恃㉑，絶根而攻，適人什負，毄之奈何？　曰：　毄此者，適人氣□而守阻，我（一四）〔上缺〕反而害其虚。　此毄争□之道也。〔下爲空白〕（一五）

●交和而舍，適將勇而難懼，兵强人衆自固，三軍之士皆勇而毋慮㉒。　其將則威，其兵則武，而理强粱（一六）逗㉓，諸侯莫之或待㉔。　毄之奈何？　曰：　毄此者，告之不敢，示之不能，坐拙而待之，以驕其意，以隨其志，使（一七）適弗識㉕，因毄其不□，攻其不御，癰其駘㉖，攻其疑。　皮氣貴氣武㉗，三軍徙舍，前後不相堵㉘，故中而（一八）毄之，若有徒與㉙。　此毄强衆之道也㉚。〔下爲空白〕（一九）

●交和而舍，適人葆山而帶阻，我遠則不椄，近則毋所㉛，毄之奈何？　毄此者，皮斂阻移〔下缺五字〕（二〇）

則危之㉜，攻其所必救㉝，使離其固，以揆其慮㉞，施伏設爰㉟，毄其移庶㊱。此毄葆固之道也。〔下爲空白〕〔二一〕

●交和而舍，客主兩陳，適人刑箕㊲，計商所顛㊳，欲我陷復㊴，毄之奈何？毄此者，渴者不歙㊵，飢者不食，三〔二二〕分用其二，期於中極。皮氣□□，財士練兵，毄其兩翼，㕭皮□□□□，三軍大北。此毄箕之道也。七百一十九〔二三〕

右十問篇，影本共存二十三簡，題目「十問」寫在第一簡簡背，末簡簡末記全篇字數爲「七百一十九」。影本注云：「本篇現有各簡補足缺文後總計約六百八十四字，較此數少三十五字，正當一簡。此缺簡位置似當在二二與二三兩簡之間（按即新編十四號與十五號兩簡之間）。」

題曰「十問」，内容正好是十組問答：一擊圓，二擊方，三擊鋭，四擊衡，五擊車，六擊徒人，七擊争□，八擊强衆，九擊葆固，十擊箕。影本云：「十組問答，每組自成一段，除第一組與第十組位置可以確定之外，其他各組的前後順序是編者以意排定的。」

本篇全文，即依影本移録。

【注釋】

①交和而舍　影本注釋引戰國策齊策一：「與秦交和而舍。」又引孫子軍争梅堯臣注曰：「軍門爲

和門，兩軍交對而舍也。」今按，梅注未晰，本文「交和而舍」，非謂交和門而舍也。周禮大司馬：「以旌爲左右和之門。」明和與和門爲兩事。左右和猶言左右翼，已見十陣篇注。自東漢鄭玄注周禮此文曰「軍門曰和，今謂之壘門」，誤以和即和門，於是二者概念乃混。和，指一定數量的兵隊，在戰場上分列主將左右兩邊，韓非子外儲説左上：「李悝與秦人戰，謂左和曰：『速上，右和已上矣。』又馳而至右和曰：『左和已上矣。』」此事説明和爲兵隊無疑。其所以稱爲和者，左傳桓公十一年「師克在和，不在衆」，取吉利語也。交和而舍，謂兩軍之和交對而扎營。

②粱食鈞足　影本粱釋糧。今按讀本字亦通，説文：「粱，米名也。」即小米。鈞通均。

③人兵適衡　影本注釋適爲敵，云：「敵，相當。衡，對等。」

④客主兩懼　客、主，詳客主人分篇。

⑤適人員陳以胥　按，適敵，員圓，陳陣，皆古今字，已見前篇。下同。影本注釋：「胥，待也。」按，管子大匡「姑少胥其自及也」，注：「胥，待也。」胥通須。

⑥或傅而詳北　影本注釋：「傅，疑當讀爲薄，迫也。」今按，國語晉語八：「中行穆子帥師伐狄，圍鼓，……未傅而鼓降。」注：「傅，著也。」即接觸。詳，借爲佯。史記吴世家「公子光詳爲足疾」，索隱：「僞也。」蘇秦傳「詳僵」，索隱：「詐也。」北，敗也。

⑦皮見我懼　影本釋皮爲彼，是也。馬王堆帛書戰國縱横家書亦以皮爲彼。

⑧則遂分而不顧　影本讀遂爲隊，是也。下同。此謂我軍分爲四五，或傅而佯敗，敵亦分隊來追，不顧其所守之固，因而被毁同。

⑨駟鼓同舉　按，此蓋謂駟與鼓同時動作。駟指兵車。一車四馬曰駟。詩鄭風清人：「駟介旁旁。」即寫兵車。或説，駟借爲四，周禮大司馬有四鼓，大司馬職：「中春，教振旅，司馬以旗致民，平列陳，如戰之陳，辨鼓鐸鐲鐃之用。王執路鼓，諸侯執鼖鼓，軍將執晋鼓，師帥執提（鼓名），旅帥執鼙。」除路鼓外，鼖鼓以下皆鼓軍事。四鼓，本文用作成語，不必真有四鼓。

⑩五遂俱傳　按，五遂即五隊，承上文「三軍之衆分而爲四五」言。

⑪其來有方　按，有讀爲又。言敵人富强，又爲方陣而來。方陣見十陣篇。十陣方作枋。

⑫□陳而□之，規而離之　按，此二語自規字以上，原簡字跡模胡，影本據十陣篇同樣二語校補。十陣篇作「陳而支之，規而離之」。支離，分散也。此分用之。參見十陣篇注61。

⑬適人氣衆以强，坙疌以剛，兑陳以胥　影本釋氣爲既、坙爲勁、兑爲鋭，是也。以氣爲既，見十陣篇。以兑爲鋭，見威王問篇，十陣作閲。戰國策宋策：「大梁兵勁而權重。」説文：「勁，强也。」疌爲捷之本字，説文：「疌，疾也。」胥，待也。

⑭必參而離之，一者延而衡　按，參同三，衡同横。荀子議兵：「故仁人之兵，聚則成卒，散則成列。延則若莫邪之長刃，嬰之者斷。兑（鋭）則若莫邪之利鋒，當之者潰。」蓋鋭陣爲縱隊，延陣爲横隊。影本注釋云：「鋭陣與錐行之陣相近，延陣與雁行之陣相近。」

⑮必將參分我兵，練我死士，二者延陳長⿱羽己，一者財士練兵，期其中極　長⿱羽己，影本注釋疑讀「張翼」。按，應讀「長翼」，⿱羽己爲翼之省，長翼形容延陣。財士練兵，影本謂即材士練兵，引六韜略地「練卒材

士」，呂氏春秋簡選「精士練材」爲證，是也。按，財與才通。中極，謂敵陣中軍要害。此言將我軍分爲三隊，兩隊作爲延陣，一隊爲材士練卒，都以敵中軍要害爲目標而攻擊之。

⑯適人什負　影本注釋：什負即十倍。今按客主人分篇，以負爲倍，負倍古音同通用，十倍謂己一而敵十，説似可通。然而原簡作「什」，什即十倍也，孟子滕文公上「或相倍蓰，或相什百」，注：「蓰，五倍也。什，十倍也。」十倍之數，什下不應再綴負（倍）字。穆天子傳「哭者七倍之」，注：「百人爲一倍。」此文敵人什負，言敵人或十倍或百倍於我也。

⑰葆險帶隘，慎避光易　影本注釋：葆讀保，光讀廣。今按，詩周頌敬之「學有緝熙于光明」，傳：「光，廣也。」此言保守險阻以爲固，避免在寬廣平易之地與敵作戰。

⑱慎避險且，決而道之　按險且即險阻。道，影本釋導。説文：「導，引也。」國語周語上「爲川者，決之使導」，注：「導，通也。」此言避開艱險之地，引敵至平易之地。

⑲牴諸易　影本牴釋抵，注云：「擠也，推也。」按，見説文及廣雅釋詁三。

⑳適唯什負　影本釋敵雖什倍。按，唯雖古通用，見勢備篇。

㉑粱食不屬，人兵不足⿰亻志　按，粱食見前。不屬，接應不上。⿰亻志，影本注釋：「疑讀爲恃。」按，馬王堆帛書老子甲本，恃作志；乙本作侍。恃从寺聲，寺从㞢聲，志則从心从㞢聲，簡文增人旁作⿰亻志，以別於志意之志，又別於等待之侍（簡文待皆作侍）。

㉒勇而毋慮　按，毋慮即無慮，謂無所憂慮。後漢書應劭傳：「僕妾感慨而致死者，非能義勇，顧無慮耳。」

㉓而理强粱疐　影本注釋："理當讀爲吏。漢書王莽傳『夫吏者理也』，賈子大政『吏之爲言理也』，皆以理爲吏之聲訓字。"今按，國語周語中"行理以節逆之"，注："理，吏也。"孫子地形："吏强卒弱曰陷。"吏謂軍吏，軍吏是軍中掌令之官，國語晉語九："令軍吏呼城儆，將攻之。"疐，捷之本字，見上。影本注釋疐讀爲接，言粱食接應不缺乏。

㉔諸侯莫之或侍　按，侍即待，本書待通作侍。影本注釋引國語楚語下"其獨何力以待之"，韋昭注："待猶禦也。"今按同書周語中"其何以待之"，韋昭注又云："待猶備也。"待義較寬泛，猶今言"對待"之待。下文"坐拙而侍（待）之"，義同。

㉕使適弗織　織，影本釋識。按，詩小雅六月"織文鳥章"，即假織爲識。識與知通，詩大雅瞻卬"君子是識"，箋："知也。"本書擒龐涓篇："都大夫孰爲不識事？"亦假識爲知。

㉖癰其駘　影本釋癰爲厭，即壓；釋駘爲怠。按，是也。癰，當是厭之寫誤；駘爲怠之借字。厭、壓古今字，國語晉語六"荆厭晉軍"，韋注："謂掩其不備也。"左傳成公十六年"楚晨壓晉軍而陳"，杜注："壓笮其未備。"釋文："壓，本又作厭。"駘、怠通借字，國語周語中："可先而不備謂之怠。"爾雅釋言："懈怠也。"

㉗皮氣貴氣武　影本釋爲"彼既貴既武"。按，猶言妄自尊大，應上文"以驕其意。"

㉘前後不相堵　按，原簡堵字左旁不清，影本釋堵。此字當作睹，説文："見也。"廣雅釋詁一："視也。"

㉙若有徒與　按，此謂示之人徒衆多，承上"使敵弗識"之意。

㉚此毄强衆之道也　影本引通典卷一五二所載：「吴子問孫武曰：『敵勇不懼，驕而無慮，兵衆而强，圖之奈何？』武曰：『詘而待之，以順其意，無令省覺，以益其懈怠。因敵遷移，潛伏候待，前行不瞻，後行不顧，中而擊之，雖衆可取。攻驕之道，不可争鋒。』」此文不知通典引自何書？文意與本篇本段相同，可供參考。

㉛我遠則不椄，近則毋所　按，椄同接，毋同無。言敵保山帶阻，我遠而不能接觸，近又無有戰處。

㉜則危之　按，上有缺文，意義未明。

㉝攻其所必救　按，此語亦見孫子虛實。曹操、李筌注曰：「攻其君主也。」梅堯臣注曰：「攻其要害。」

㉞以揆其慮　按，揆，度也，度量之也。此言揆度敵人離固的打算。

㉟施伏設爰　按，伏指埋伏；爰爲援之省，指援軍。國語魯語上「夫爲四隣之援」，注：「所攀援以爲助也。」淮南子兵略有「設蔚施伏」語，蔚指障蔽物，與此異。

㊱毄其移庶　按，移庶指移動中兵衆。

㊲適人刑箕　影本注釋：「形箕，疑指把軍隊布置成簸箕形的陣勢，以便合圍殲滅進攻者。」

㊳計商所顛　按，商即敵，顛即願。願，欲也。

㊴欲我陷復　按，復當借爲覆。左傳隱公九年「君爲三覆以待之」，注：「伏兵也。」

㊵渴者不歙　按，歙，古飲字。

略甲

略甲

●略甲之法，商之人①方陳□□无□〔下缺〕（一）

〔上缺〕欲轂之，其埶不可，夫若此者，下之〔下缺〕（二）

〔上缺〕之以國章，欲單若狂，夫若此者，少陳〔下缺〕（三）

〔上缺〕□反，夫若此者，以衆卒從之，篡卒因之②，必將（此爲簡尾）（四）

〔上缺〕篡卒因之〔下缺〕（五）

左右旁伐以相趨③，此胃鑁鉤轂④。（此簡完整，下端空白）（六）

〔上缺〕之氣不臧於心，三軍之衆□循之知不（此爲簡尾）（七）

〔上缺〕將分□軍以脩其□，人卒寡而民〔下缺〕（八）

〔上缺〕□威□□其難將之□也。分其衆，亂其（九）

〔上缺〕陳不厲，故死不〔下缺〕（一〇）

〔上缺〕□遠揄之，適券以遠〔下缺〕（一一）

治孤其將，湯其心，毄〔下缺〕（一二）

〔上缺〕其將勇，其卒衆，〔下缺〕（一三）

彼大衆將之〔下缺〕（一四）

〔上缺〕卒之道〔下缺〕（一五）

右略甲篇，影本云：「本篇簡文殘缺過甚，除首簡外，各簡次序不能確定，釋文一律提行，不連寫。又本篇字體與十陣十問兩篇相近，現將可能屬於這幾篇的殘簡一併附於本篇之後。」

按據影本，本篇共有殘簡十五枚，除第一簡是全簡而文字猶不全外，其他諸簡皆殘斷，或爲上端，或爲中截，或爲簡尾，影本釋文在每簡上下各加删節號，於是上端、中截、簡尾，不能區别。今重録簡文，注明上缺下缺，以略見其原貌。影本所言可能屬於十陣、十問的殘簡，亦因殘缺過甚，不可識别，一律照舊附於後方。

「略甲」是文題，寫在第一簡簡背，與十陣、十問格式相同。甲，指甲士，猶擒龐涓篇「帶甲八萬」之甲。略，取也，奪也。左傳宣公十五年：「晉侯治兵於稷，以略狄土。」注：「取也。」國語齊語：「犧牲不略。」注：「奪也。」淮南子兵略：「攻城略地。」亦奪取之意。簡文屢言：「夫若此者如何如何」，皆論如何取强敵，敗甲卒之法，惜文缺不詳耳。

【注釋】

①商之人　按，商即敵。本書敵字有四種寫法：適、僑、敵、商，通用。

②以衆卒從之，篡卒因之　按，衆卒、篡卒，見威王問篇注。

③旁伐以相趨　按，旁伐疑同十陣篇「方戚從流」之「方戚」。

④此胃鍐鉤毄　按，鍐字不見於字書，疑即畟字。詩大雅良耜「畟畟良耜」，毛傳：「猶測測也。」説文：「測，深所至也。」鍐鉤含有鉤深之意。鍐鉤擊，是一種戰術之稱。

客主人分

客主人分

●兵有客之分，有主人之分①。客之分衆，主人之分少。客負（倍）主人半，然可商（敵）也②。負（下缺約九字）（一）定者也③。客者後定者也。主人安地抚（撫）埶（勢）以胥夫客犯益（隘）逾險而至④。夫犯益（隘）（下缺約八字）（二）退敢物（刎）頸，進不敢距商（敵）⑤，其故何也？埶（勢）不便地不利也。埶（勢）便地利，則民自□⑥（下缺約八字）（三）

自退。所胃（謂）善戰者，便埶（勢）利地者也。帶甲數十萬，民有餘糧弗得食也，有餘（下缺約七字）（四）

居兵多而用兵少也，居者有餘，而用者不足。帶甲數十萬，千=而出，千=而繼之[7]，□〔下缺〕（五）

□□萬=以遺我。所胃（謂）善戰者，善翦斷之，如□會挩者也。能分人之兵，能安（案）人之兵，則鎰〔銖〕而有餘；（六）

不能分人之兵，不能案人之兵，則數負（倍）而不足[8]。衆者勝乎？則投筭而戰耳[9]。富者勝乎？則量粟而戰（七）

耳。兵利甲堅者勝乎？則勝易知矣[10]。故富、未居安也，貧、未居危也，衆、未居勝也，少[11]（下缺約六字）（八）

以決勝敗安危者，道也。適（敵）人衆，能使之分離而不相救也，受適（敵）者，不得相[12]（下缺約八字）（九）

以爲固，甲堅兵利不得以爲强，士有勇力不得以衛其將，則勝有道矣。故明主智（知）道之將，必先□（一〇）

可有功於未戰之前，故不失可有之功於已戰之後[13]，故兵出而有功，入而不傷，則明於兵

者也。　●五百一十四（一一）

焉。爲人客則先人作□〔下缺〕（一）

兵曰：主人逆客於竟（境）□〔下缺〕（二）

〔上缺〕客好争則□〔下缺〕（三）

〔上缺〕使勞⑭，三軍之士可使畀，失其志，則勝可得而據也。是以安（案）左抶右，=敗而（四）

□弗能救。安（案）右抶左，=敗而右弗能救。是以兵坐而不起，辟（避）而不用⑮，近者少

而不足用，遠者疏而不能（五）

（下有缺簡）

右客主人分篇，據影本整理共十一簡，今重編了序號。另附録五簡，别爲序號。

正文十一簡中，第六、七、十、十一爲全簡（六、十兩簡稍缺一二字），其餘皆爲簡之上端，因此，全文不貫。篇題寫在第一簡簡背，末簡有統計數字爲「五百一十四」。影本注釋曰：「本篇現有各簡補足缺字後總計四百零三字，較此數少一百十一字，約當三簡。本篇後附二六八號及二六九號（按即新編後附一號和二號）二簡均係簡首，當在此三簡之中，其原來位置可能皆在二五七號與二五八號簡（按即新編正文一號和二號）之間。」今按影本此説可信，但此二簡文字缺殘，不能與正文一號二號簡文連接，現

仍照影本列入附録，不遽改入正文。

後附之第四第五兩簡，影本有注云：「以上二簡從内容和字體看，似屬本篇，但從〔注十四〕（按即上引之注）所説字數情況看，又不能爲本篇所容納，姑附於此，待考。」今按，此二簡文字相接，是否應屬正文，疑不能定，謹依影本照録。

影本注釋引漢書陳湯傳：「又兵法曰：客倍而主人半，然後敵。」師古無注，後世注家多不知此語出處。今見於本篇，是知本篇即陳湯所讀，僅稱「兵法」，不稱作者，蓋作者名氏早佚也。陳湯，漢山陽瑕丘（今山東兖州）人，少好書，家貧匄貣無節，以薦爲郎，遷西域副校尉，與甘延壽俱出，殺郅支單于，賜爵關内侯，遷射聲校尉。成帝時，得罪免爲庶人，卒於長安。

【注釋】

①兵有客之分，有主人之分　影本注釋：「分，分量，比例。」今按，分謂職分、身分、分位之分，讀去聲。凡戰，來者爲客，居者爲主；攻者爲客，被攻者爲主。馬王堆帛書稱篇：「客陽主人陰。」

②客負（倍）主人半，然可商（敵）也　按，漢書陳湯傳引作「客倍而主人半，然後敵。」負即倍，亦見十問篇。陳湯傳：西域都護段會宗爲烏孫兵所圍，告急。陳湯曰：「夫胡兵五而當漢兵一，何者？兵刃樸鈍，弓弩不利，今聞頗得漢巧，然猶三而當一。又兵法曰『客倍而主人半，然後敵。』今圍會宗者，人衆不足以勝會宗，唯陛下勿憂。」補注引王文彬曰：「湯引兵法爲客立論，言必倍主人而後敵也。胡兵以三當一，是倍猶不敵半矣，衆不足，故無憂也。」當時段會宗被圍，爲主人，烏孫來攻，爲客。倍謂一之倍，半謂一倍之半，即客二主一才能爲敵。今烏孫兵弱，三人只當一人用，胡三漢一，只等於

一比一，故無憂也。然下疑脱後字。

③定者也　影本注釋：「此句原文疑作『主人者，先定者也。』」今按，馬王堆帛書稱篇：「客陽主人陰，……諸陰者法地，地之德安徐正静，柔節先定，善予不争。」亦有「先定」語。先定謂先作好準備。

④主人安地抚（撫）執（勢）以胥夫客犯益（隘）逾險而至　按，安地謂安居本處。撫勢謂根據本處地理形勢。胥，通須，待也。

⑤退敢物（刎）頸，進不敢距商（敵）　影本物釋刎。按，刎，斷也，割也。距，通拒。此言軍士勇壯，甚至敢自刎其頸，但由於勢不便地不利，却不敢拒敵。

⑥則民自□　影本注釋：缺文「殘存辵旁，疑是進字。自進與下文自退相對。」按此字下尚缺八字，其文當是「勢便地利，則民自〔進；勢不便，地不利，則民〕自退。」

⑦千＝而繼之　按，繼字原簡殘存左旁㡭，也可能是斷字，兹依影本釋文。

⑧能分人之兵，能安（案）人之兵，則錙〔銖〕而有餘；不能分人之兵，不能案人之兵，則數負（倍）而不足　按，淮南子兵略：「故能分人之兵，疑人之心，則錙銖而有餘；不能分人之兵，疑人之心，則數倍而不足。」幾與此全同。原簡錙銖二字只上字殘存金旁，影本據淮南補錙銖二字，是也。錙銖是重量名，一銖等於二十四分之一兩，六銖爲一錙。錙銖，喻輕微，言能分人之兵案人之兵，則不需錙銖之力即可敗敵。案安二字通，本文前用安，後用案。

⑨則投筭而戰耳　影本注釋：「古代稱計數用的算籌爲筭。此句意謂如果人多就能取勝，那只要數算籌就可以決定勝負了。」今按，算、筭有别，説文：「筭，長六寸，計歷數者。」筭以竹爲之，長六寸，

徑一分，二百七十一枚而成六觚爲一握，縱横算之。算，説文：「數也，从竹从具。」計數、計謀，皆曰算。此言如果人多就能取勝，那只要投擲筭枚計算敵我人數，不必講求戰略戰術就可作戰了。下文「量粟而戰」意同。

⑩則勝易矸矣　按，矸古知字。

⑪少　按，少下約缺六字，據文意當是〔未居敗也。故所〕六字。

⑫受適（敵）者，不得相　按相字下約缺八字。影本據善者篇校補爲「受敵者不得相〔知也，溝深壘高不得〕以爲固。」

⑬故明主智（知）道之將，必先□可有功於未戰之前，故不失可有之功於已戰之後　影本注釋：「簡文『故不失』下原有句讀號，釋文據此亦在『故不失』下斷句。按照這種斷句方法，簡文『可有之功』之『之』字似爲衍文。一説謂此之字非衍文，上文『可有功』本當作『可有之功』，之字誤脱。依此説，此數句當讀作『故明主知道之將必先□可有之功於未戰之前，故不失可有之功於已戰之後。』」今按，「先」下缺文尚存言旁，疑是「謀」字。句讀當以一説爲是，但不必脱「之」字。全句讀爲「故明主、知道之將，必先〔謀〕可有功於未戰之前，故不失可有之功於已戰之後。」意謂明主良將在戰前就計算好可能取得什麼成功，開戰以後按計畫進行，就不會失掉那些可以取得的戰功。可有功是動賓關係，可有之功是形容詞和名詞關係，前者不可有之字，後者不可無之字也。至於原簡句號，只是一點，與他篇句號作<者不同，似是偶然，非爲斷句者。

⑭「使勞」兩簡　按附録四號五號兩簡，簡文比較完整，並互相銜接，影本認爲應屬本篇。四號簡「三

軍之士可使異」，異字，影本釋畢。今按原簡明是異字，不誤。「可使異」正與上文「可使勞」爲排語，「失其志」當自爲一句。此兩簡文字是申述「分人之兵」一節的意思。五號簡簡首缺文，據文意應是「左」字。抶，説文：「笞擊也。」今按即古「打」字。从失聲之字如跌、迭等多與打同紐。説文：「迭，一曰達。」打又作撻，可證打抶古音相同。抶今音窒，音變也。

⑮是以兵坐而不起，辟（避）而不用　按，軍心異，失其志，故兵坐而不戰，逃避而不爲用。

善者

善者

善者，適（敵）人軍□人衆①，能使分離而不相救也，受敵而不相知也②。故溝深壘高③，不得以爲固，車堅㈠兵利，不得以爲威，士有勇力而不得以爲强。故善者制僉（險）量柤（阻）④，敦三軍⑤，利詘（屈）信（伸）⑥，敵人衆，能使㈡寡；積糧盈軍（庫？），能使飢；安處不動，能使勞；得天下，能使離；三軍和，能使柴⑦。故兵有四路五㈢動：進，路也；退，路也；左，路也；右，路也。進，動也；退，動也；左，動也；右，動也；墨（默）然而處，亦動也。善（四）者四路必彠，五動必工⑧。故進不可迎於前，退不可絶於後，左右不可臽（陷）於柤（阻）⑨，墨（默）□□□□□（五）於敵之人。故使敵四路必窮，五動必憂，進則傅於前⑩，退則絶於後，左右則臽（陷）於柤（阻），墨（默）然而（六）處，軍不免於患。善者能使適（敵）卷甲趨遠⑪，倍道兼行，卷（倦）病而不得息⑫，飢渴而不得食，以此薄（七）適（敵），戰必不勝矣⑬。我飽食而侍（待）其飢也，安處以侍（待）其勞也，正静以侍（待）其動也⑭。故民見進而不（八）見退⑮，道（蹈）白刃而不還蹱（踵）⑯。　二百□十□（九）

右善者篇，影本共存九簡，篇題寫在第一簡簡背面，末簡後有字數統計，各簡基本完整，文字稍有缺失，補足文字後，全篇共爲二百八十三字，與原統計「二百□十□」字大數相合。

「善者」一詞，亦見於威王問篇，古兵書多稱「善戰者」，本書客主人分篇作善戰者。善者，詞之省也。全文可分五段，除末段外，皆言善者能使敵人如何如何，亦言善者使己如何，如「制險量阻，敦三軍，利屈伸」，及「四路必徹，五動必工」等；但没有談到具體辦法和規律。

【注釋】

①適(敵)人軍□人衆　影本注釋：軍下一字「不清，疑是俓字，讀爲勁。」

②受敵而不相知也　影本注釋：「受敵謂受攻擊。」按此承上文，言軍衆已被分離，故受攻擊而不能互相知道。

③溝深壘高　按，溝深二字，原簡僅存水旁。影本釋溝深，甚確。

④制僉(險)量柤(阻)　影本釋：「制險量阻。」按，險阻本書通作。此作僉柤者，僉爲險之省，柤字从木，蓋以草木叢生之處爲阻。十陣篇有柤字，爲工具之名，與此義別。

⑤敦三軍　影本注釋：「敦，勉勵。」今按，敦當借爲屯。廣雅釋詁三：「屯，聚也。」離騷「屯余車其千乘兮」，注：「屯，陳也。」文選甘泉賦「敦萬騎於中營兮」，注：「敦與屯同。」左傳昭公十三年：「敦陳整旅。」敦亦當訓屯。

⑥利詘(屈)信(伸)　詘信，影本釋屈伸。淮南子兵略作詘伸。屈，曲也；信，借爲伸。屈伸猶言進退，易繫辭傳：「往者詘也，來者信也。」

⑦三軍和，能使柴　影本注釋讀柴爲訾，訓嘆恨。今按，三軍和能使嘆恨，於文不順。愚謂柴當爲猜字之借，音近相通也。左傳昭公三年「雖朝夕辱于敝邑，寡君猜焉」，注：「猜，疑也。」後漢書張衡傳「於心有猜」，注：「猜，嫌也。」説文：「猜，恨、賊也。」猜與和義相反。

⑧四路必𢖍，五動必工　按，𢖍即徹，已見勢備篇，通達也。工，謂工巧。

⑨左右不可臽(陷)於柤(阻)　按，臽，陷之本字。柤即阻，見前。

⑩進則傅於前　按，傅，著也。與敵接觸曰傅敵。此句意爲，敵進則被我拒之於前。

⑪卷甲趨遠　按，卷即捲，説文：「捲，收也。」

⑫卷（倦）病而不得息　按，此卷字，借爲倦。説文：「倦，罷（疲）也。」

⑬以此薄適（敵），戰必不勝矣　按，薄，迫也。左傳成公十六年：「楚師薄於險。」此言以其倦疲之師，與敵接觸作戰，必不能勝也。

⑭正静以侍（待）其動也　按，正静，經籍或作貞静，莊静不慌之意，猶今言沉住氣。六韜文韜大禮：「神明之德，正静其極。」侍，即待字，對待。上文待同。

⑮見進而不見退　按，猶言知進而不知退。

⑯道（蹈）白刃而不還墥（踵）　影本讀道爲蹈。今按，道、蹈通。列子黄帝：「向吾見子道之。」以道爲蹈。釋名釋道路：「一達曰道路。道，蹈也；路，露也；言人所踐蹈而露見也。」同書釋姿容：「蹈，道也；以足踐之如道路也。」管子法法：「蹈白刃，受矢石，入水火，以聽上令。」還，通旋。小爾雅廣言：「旋，還也。」字林：「旋，回也。」經籍多以還爲之。墥，説文作歱，「跟也」。廣雅釋詁三：「歱，迹也。」今通作踵。還（旋）踵，謂轉足向後退走。不旋踵，言不退却。司馬相如喻巴蜀檄：「觸白刃，冒流矢，議不反顧，計不旋踵。」

五名五恭

●兵有五名：一曰威强，二曰軒驕①，三曰剛至②，四曰助忌③，五曰重楘（柔）④。夫威强之兵，則詘（屈）㬰（軟）而侍（待）之⑤。軒驕之（一）兵，則共（恭）敬而久之⑥。剛至之兵，則誘而取之。䲷忌之兵，則薄其前，譟其旁，深溝高壘而難其糧。（二）

重柔（柔）之兵，則譟而恐之，振而捅之⑦，出則毄（擊）之，不出則回之⑧。●五名（三）

●兵有五共（恭）五暴⑨。何胃（謂）五共（恭）？入競（境）而共（恭），軍失其常⑩。再舉而共（恭），軍毋所粱⑪。三舉而共（恭），軍失其事⑫。四舉而（四）共（恭），軍无食。五舉而共（恭），軍不及事⑬。入競（境）而暴，胃（謂）之客⑭。再舉而暴，胃（謂）之華⑮。三舉而暴，主人懼。四舉（五）而暴，卒士見詐⑯。五舉而暴，兵必大秏（耗）⑰。故五共（恭）五暴，必使相錯也。●五共（恭）　二百五十六（六）

右五名五恭篇，影本共存六簡，都很完整，其中没有缺文。影本注釋云：「原爲兩段，篇題分別寫在段末，今據文例、字體合爲一篇。」

按，原簡第一段無字數統計，而第二段則有。第二段字數統計當統前言之，合爲一篇是也。但全文六簡，實有字數爲一百九十一，較原簡統計二百五十六少六十五字，約當二簡。影本已疑及之，云：

「此二簡當是與五名五共並列的另一段文字，位置可能在篇首，也可能在五名與五共之間。」

本篇五名段，論述威强、軒驕、剛至、瞗忌、重柔等五種不同的敵軍，及如何對付之法。五恭段言五恭、五暴，論述攻入敵境之後，應該恭、暴相錯而行。

【注釋】

①軒驕　影本注釋：「軒驕，當是高傲或驕悍之意。」今按，詩小雅六月：「戎車既安，如輊如軒。」車前高曰軒，此軒字本義。文選王粲贈蔡子篤詩「歸鴻載軒」，注：「飛貌。」木華海賦「翔霧連軒」，注：「舉也。」與此「軒驕」，皆引申義。軒驕，蓋指志意高傲，飛揚跋扈。

②剛至　影本注釋：「至，疑當讀爲侄。剛侄，剛愎。」今按，侄，説文所無，玉篇：「惡性也。」愚謂至仍當讀本字，極也，甚也。

③助忌　按助字从目从力，下文作瞗，从目从鳥。影本注釋：「此字疑當讀爲冒，貪也。」今按，本文言對付助忌之法是：「薄其前，譟其旁，深溝高壘而難其糧。」貪忌與之不相應。説文有瞗字：「从目鳥聲，目熟視也，讀若雕。」文選魯靈光殿賦描寫殿楹所畫胡人驚恐憂懼之狀曰：「仡欺猵以鵰眈，鶌顤顟而睽睢，狀若悲愁於危處，憯嚬蹙而含悴。」鵰眈與睽睢爲對文。鵰眈，即瞗眈。睽睢，張目貌；瞗眈，驚視貌也。（集韻：「眈，驚視也。」）處於危處則瞗眈，是膽小憂懼之意。此言瞗忌之兵，膽小而多疑忌，故「薄其前，譟其旁」，以恐之。瞗又作助者，疑所从之力爲鳥之省。

④重桼（柔）　按，桼即柔。睡虎地秦簡司空律：「令縣及都官取柳及木，桼可用書者，方之以書。」亦以桼爲柔。重，讀如遲重、拙重之重。重柔謂遲重不强，影本注釋云：「重柔，極軟弱。」恐非。

⑤則詘（屈）耎（軟）而侍（待）之　按，詘同屈，已見前。耎，古書多作輭，今作軟。說文通訓定聲引通俗文：「物柔曰耎。」此言彼威强，我則以屈軟對待，不與强爭。

⑥則共（恭）敬而久之　按，共借爲恭。詩小雅巧言「匪其止共」，箋云：「共音恭，本又作恭。」恭亦敬也。久之，言與持久，待其師老氣衰。

⑦振而捅之　影本未注。今按，捅字疑動之異文。甬、重音近，手、力義近；漢武荼碑慟字作癒，動、痛同音猶動，捅同音矣。易彖傳「動而健」，虞注：「震也。」繫辭「效天下之動者也」，虞注：「發也。」高唐賦「使人心動」，善注：「驚也。」振而動之謂震動、驚動之也。孫子虛實亦言：「安能動之。」

⑧不出則回之　影本注釋：「回，圍。」按，馬王堆漢墓帛書戰國縱橫家書第二十二章：「楚回翁是（雍氏）。」亦以回爲圍。

⑨兵有五共（恭）五暴　按，共即恭，本篇言恭，指循規蹈矩；暴，指暴奪暴取。古之侵人之兵有此兩種手段，但常恭則失事，常暴則自傷，故本文主張根據情況，兩種手段要交錯使用。

⑩入競（境）而共（恭），軍失其常　按，競通境，已見擒龐涓篇。古代運輸困難，軍隊攻入敵境，往往就地取用，以奪取爲常。孫子軍爭云：「侵掠如火。」又云：「掠鄉分衆。」吳子應變云：「暴寇卒來，掠吾田野，取吾牛馬。」此言若攻入敵境而不掠取，則失其常用也。

⑪再舉而共（恭），軍毋所粱　影本注釋：「軍毋所粱，軍隊無從得到糧草。」今按，粱字似有專義，禮記曲禮「大夫不食粱」，注：「粱，加食也。」疏云：「以其公食大夫禮設正饌之後，乃設稻粱，以其是加也。」本文下云：「軍无食。」食是常食，粱指稻粱，是加食，二語有別也。

⑫三舉而共（恭），軍失其事　按，軍失其事，蓋謂軍中無所資用。

⑬五舉而共（恭），軍不及事　按，軍不及事，蓋謂軍中空虛，諸事不及矣。

⑭入競（境）而暴，胃（謂）之客　按，守者爲主，攻者爲客。客軍攻入主境而就地取用，是客軍的正常行動，故謂之客。

⑮再舉而暴，胃（謂）之華　按，華疑讀爲窊，字亦作㼚，音誇。周禮職方氏「正其封疆，無有華離之地」，注：「華讀㼚哨之㼚。正之使不㼚邪離絶也。」古井田皆方正，其不方正者謂之華（㼚），不連接者謂之離。華（㼚）者邪也，此言再舉而暴就是邪道了。

⑯四舉而暴，卒士見詐　按，此言四舉而暴，則得不到民衆信任，人人見詐了。

⑰五舉而暴，兵必大秏（耗）　按，秏即耗。荀子脩身「多而亂曰秏」，注：「虛竭也。」史記天官書「其虛則秏」，正義：「貧無也。」

〔兵失〕

●欲以⿰亻啇（敵）國之民之所不安，正俗〔下缺〕（一）〔上缺〕難⿰亻啇（敵）國兵之所長，秏（耗）兵也①。欲强多國之所寡，以應⿰亻啇（敵）國之所多，速詘（屈）（二）

之兵也②。備固不能難倚（敵）之器用，陵兵也③。器用不利，倚（敵）之備固，坐（挫）兵也④。兵不〔三〕

〔上缺約十七字〕□者也。善陳（陣）⑤，知倍（背）鄉（向）⑥，知地刑（形），〔四〕

而兵數困，不明於國勝兵勝者也。民□〔下缺〕〔五〕

〔上缺〕兵不能昌大功，不知會者也。兵失民，不知過者〔六〕

也⑦。兵用力多，功少，不知時者也＜⑧。兵不能勝大患，不能合民心者也⑨。兵多𢗁（悔），信〔七〕

疑者也＜⑩。兵不能見福禍於未刑（形），不知備者也＜⑪。兵見善而怠，時至而疑，去非而〔八〕

弗能居，止道也⑫。酓（貪）而廉⑬，龍而敬⑭，弱而强，柔而〔下缺〕〔九〕

〔上缺〕起道也。行止道者，天地弗〔一〇〕

能興也。行起道者，天地〔下缺〕〔一一〕

〔上缺〕之兵也。欲以國〔下缺〕〔一二〕

□内罷（疲）之兵也。多費不固〔下缺〕（此爲簡之上端）〔一三〕

〔上缺〕□□見商（敵）難服＜。兵尚淫天地〔一四〕

〔上缺〕而兵强，國□□〔下缺〕(一五)

〔上缺〕□兵不能(此爲簡之下端)(一六)

右兵失篇，影本正文十一簡，附録五簡。其中完簡三，餘皆殘斷難屬。附録五簡存字尤少，但從字體看，確屬本篇，故新編序號連接下來至十六號。

本篇原無標題，但第一簡文首有圓點標誌，至少可認爲是一篇文章中之一大段。影本根據簡文内容，擬題爲「兵失」，因爲文中論述耗兵、速詘之兵、陵兵、不知會、不知過、不知時、信疑、不知備等問題皆治兵之失計。

自第六簡「兵失民，不知過者也」以下一段，與逸周書王佩文相近。周書多缺誤，可與此篇互校，如王佩：「安民在知過，用兵在知時，勝大患在合人心，殃毒在信疑。」「殃毒」舊不得其解，影本注釋據簡文校爲「多悔」二字之誤。又如王佩：「見善而怠，時至而疑，亡正處邪，是弗能居，此得失之方也，不可不察。」影本注釋既據銀雀山出土另一殘簡「□□處邪，是是而弗能居，不能斷者也」(原編號爲一〇一九，未入本篇)校正王佩「是弗能居」是字下脱重文號，又據王佩以解釋本篇第八簡「去非而弗能居」一語是「去非是是而弗能居」之意。由此可見，本篇雖然殘缺，但在校勘古書工作上，有其一定價值。

本篇七八兩簡中有句號三，作＜，今重録，仍予保留，别加標點。

【注釋】

①難倘（敵）國兵之所長，秏（耗）兵也　影本注釋：「此句上缺，據下一句句法，原文可能是『欲强長國兵之所短，以難敵國兵之所長，耗兵也。』」又云：「耗，虚弱、衰竭。」今按，説是也。秏訓虚竭，見五名五恭篇。勉强長國所短，勢必大有耗費，令國虚竭。又本篇敵字均作「倘」，與他篇異。

②速詘（屈）之兵也　按，詘即屈，管子國蓄「出二孔者，其兵不詘」，注：「詘，窮也。」

③備固不能難倘（敵）之器用，陵兵也　按，備謂儲備；城池溝壘可守者曰固。陵兵，謂受欺凌之兵。言防守之條件不能抵禦敵之器用，這樣的兵是受欺凌之兵。

④器用不利，倘（敵）之備固，莝（挫）兵也　按，此備固謂敵之防備堅固。莝，影本釋挫。按莝借爲剉，通作挫。淮南子時則「鋭而不挫」，注：「挫，折也。」敵之備固，我器不利，等於未戰已挫，故曰挫兵。

⑤善陳（陣）　按「善陳」下脱「者」字。

⑥知倍（背）鄉（向）　按，倍通背，鄉通向。影本注釋：「背向，指行軍布陣時的所向或所背。」引尉繚子天官：「世之所謂刑德者，天官、時日、陰陽、向背者也。」淮南子兵略：「明於星辰日月之運，刑德奇賅之數，背鄉左右之便，此戰之助也。」韓非子飾邪：「初時者，魏數年東鄉攻，盡陶衛；數年西鄉，以失其國。此非豐隆、五行、太一、王相、攝提、六神、五括、天河、殷槍、歲星，非（王先慎曰：非字衍）數年在西也；又非天缺、弧逆、刑星、熒惑、奎台，非（非字亦衍）數年在東也。故曰：龜策鬼神不足舉勝，左右背鄉不足以專戰。」今按，由此可見，古所謂背向，既指行軍布陣的背向，也指征伐的背向。

⑦兵失民，不知過者也　按，過謂過錯。逸周書王佩：「安民在知過」，孔晁注：「知過輒改，民將安生。」

⑧兵用力多，功少，不知時者也　按，逸周書王佩：「用兵在知時」，孔晁注：「時謂可伐時也。」

⑨兵不能勝大患，不能合民心者也　按，逸周書王佩：「勝大患，在合民心。」

⑩兵多㥯（悔），信疑者也　按，㥯即悔。逸周書王佩：「殃毒（多悔）在信疑。」尉繚子十二陵：「悔在於任疑。」信、任，意同。

⑪兵不能見福禍於未刑（形），不知備者也　按逸周書王佩：「見禍在未形。」

⑫兵見善而怠，時至而疑，去非而弗能居，止道也　按，逸周書王佩：「見善而怠，時至而疑，亡正處邪，是弗能居，此得失之方也，不可不察。」影本注釋謂王佩「是弗能居」是字下當有重文號，本篇「去非而弗能居」非下當脱「是是」二字，此句意思是「離開了錯誤，也認識到什麽是正確的，但就是不能按照正確的去做。」其説皆極精當。

⑬貪（貪）而廉　按，貪即貪。賈子道術：「辭利刻謙謂之廉，反廉爲貪。」

⑭龍而敬　按，龍當讀爲寵。廣雅釋言：「龍，寵也。」詩小雅蓼蕭「爲龍爲光」，傳：「寵也。」寵有驕義，文選東京賦「將殫物以窮寵」，注：「驕也。」驕與敬正相反。貪而廉，龍而敬，弱而强，柔而（剛），四「而」字，影本讀爲「能」。今按，吕氏春秋士容「柔而堅，虚而實」，注：「而，能也。」淮南子原道「行柔而剛，用弱而强」，注：「而，能也。」而、能，古音近通用。

將義

義將

將者不可以不〓義〓則不〓嚴〓則不〓威〓則卒弗死。故義者，兵之首也。將者不可以不〓仁〓則軍〓不〓剋〓(一)則軍无功。故仁者，兵之腹也。將者不可无〓德〓則无〓力〓則三軍之利不得。故德者，兵之手(二)也。將者不可以不〓信〓則令〓不〓行〓則軍〓不〓槫〓則无名①。故信者，兵之足也。將者不可以不〓智〓勝〓(三)則軍无□②。故夬(決)者，兵之尾也。　●將義(四)

右將義篇，影本此篇共四簡，四簡僅缺一字，前有篇題「義將」，寫在首簡簡背，篇後復有篇題作「將義」，寫在末簡下端。據開篇第一句云：「將者不可以不義」，則篇題以「將義」爲是。

文中論述將者須具備義、仁、德、信、決，而五者又以首、腹、手、足、尾比喻之，以明其次序，而見其重要。以義居首，與見威王篇「立義者昌」思想一致。

本篇多重文符號，標點不易加，爲便觀覽，附繹全文於下：

義將

將者不可以不義，不義則不嚴，不嚴則不威，不威則卒弗死。故義者，兵之首也。將者不可以不仁，不仁則軍不剋，軍不剋則軍无功。故仁者，兵之腹也。將者不可以无德，无德則无力，无力則三軍之利不得。故德者，兵之手也。將者不可以不信，不信則令不行，令不行則軍不槫，軍不槫則无名。故信者，兵之足也。將者不可以不智（知）勝，不智（知）勝則軍无□，故夬（決）者，兵之尾也。　●將義

【注釋】

①令不行則軍不槫，軍不槫則无名　按，槫讀爲專，即專制之專。史記田敬仲完世家「（韓）馮因摶三國之兵」，徐廣曰：「音專，專猶併合制領之也。」其字从手作摶，摶與从木作槫，字同。名，影本注釋訓「功也」。今按，上文已有「軍不剋則无功」，此處不當犯重，故用「名」字。

②不智勝則軍无□　影本注釋：「不智勝，疑當讀爲『不知勝』。不知勝即不智。或疑勝字及其下重文號爲衍文。原文當是：『將者不可以不智，不智則……』」今按，或説非也。此文當讀爲「將者不可以不知勝」。本書各篇知、智通用，智即知也。知勝即預知可有之勝，即善者篇所云：「明主知道之將，必先〔謀〕可有功於未戰之前。」不知勝，即兵失篇所云：「善陳（者）知背向，知地形，而兵數困，不明於國勝兵勝者也。」不明國勝兵勝即不知勝也。缺文不知何字？據下句，可能是「夬」字。

夬即決，見十陣篇。不知勝，即不能決定戰争的打法，只有知勝才能決。吴子治兵云：「用兵之害，猶豫最大，三軍之災，生於狐疑。」

〔將德〕

〔上缺〕赤子，愛之若狡童①，敬之若嚴師，用之若土蓋②，將軍（一）

〔上缺〕不失，將軍之知（智）也。不陘（輕）寡，不泑於適（敵）③，慎終若始④，將軍（二）

〔上缺〕而不御⑤，君令不入軍門⑥，將軍之恒也。入軍（三）

將不兩生，軍不兩存，將軍之〔下缺〕（四）

〔上缺〕□將軍之惠也。賞不榆（逾）日⑦，罰不睘（還）面⑧，不維其人，不何（五）

外辰⑨，此將軍之德也。（下爲空白）（六）

右將德篇六簡皆殘斷不連接。題缺，影本取本文「此將軍之德也」語擬題爲「將德」，注云：「除最後一簡外，次序都不能確定。」

【注釋】

①赤子，愛之若狡童　按孫子地形：「視卒如嬰兒，故可與之赴深谿；視卒如愛子，故可與之俱死。」

赤子上之缺文當爲「視之若」三字。赤子，尚書康誥「若保赤子」，疏：「子生赤色，故言赤子。」狡童，見詩鄭風狡童，疏云：「狡好之幼童。」

②用之若土蓋　蓋，影本釋芥。今按，當是壒之借。説文新附：「壒，塵也，从土蓋聲。」字亦作堨。文選西都賦「軼埃堨之混濁」，注引淮南子許慎注：「堨，壒也。」左傳哀公元年「以民爲土芥」，朱駿聲説文通訓定聲亦以爲芥爲塊之借。

③不陘（輕）寡，不泐於適（敵）　按，陘即輕，泐即劫。言敵人雖少亦不輕視，敵人雖强亦不受其威脅。

④慎終若始　按老子六十四章：「慎終如始，則無敗事。」

⑤而不御　按，此謂君不御也。孫子謀攻：「將能而君不御者勝。」本書篡卒篇亦云：「御將不勝。」

⑥君令不入軍門　按，此亦君不御將之意。影本注釋引六韜龍韜立將：「軍中之事，不聞君命，皆由將出。」

⑦賞不榆（逾）日　按，榆借爲踰，亦作逾，越也。司馬法天子之義：「賞不踰時，欲民速得爲善之利也。」

⑧罰不睘（還）面　睘，影本釋還。今按，本書善者篇「道白刃而不還踵」，作還；馬王堆帛書戰國縱横家書第十八章「恃輦而睘」，作睘。睘、還通旋。旋面就是轉臉。不旋面，言其疾速。

⑨不維其人，不何外辰　按，不維其人，言賞罰只論功過，不論其人之親疏貴賤。何，當讀爲阿。國語周語上「弗諫而阿之」，注：「隨也。」離騷「皇天無私阿兮」，注：「所私爲阿。」吕氏春秋長見：

「阿鄭君之心」，注：「從也。」外辰，疑辰借爲震，國語周語中「君之武震」，左傳文公六年「其子何震之有」，注皆曰：「震，威也。」外辰可能是外威之意。此句言賞罰不曲從外來的權威。

將敗

將敗（一）

●將敗：一曰不能而自能<①。二曰驕<。三曰貪於位<。四曰貪於財<。（中缺五曰）六曰輕<。七曰遲②。（二）

八曰寡勇<。九曰勇而弱<。十曰寡信。十（中缺十一曰十二曰十三曰約十七字）十四曰寡決。（三）

十五曰緩<。十六曰怠。十七曰□③。十八曰戜（賊）④。十九曰自私<。廿曰自亂。多

敗者多失。（下爲空白）（四）

右將敗篇，題目單占一簡，文占三簡，共四簡。簡文凡有將敗二十項，殘去第五、第十一、第十二、第十三共四項，存十六項，爲全文的五分之四。各句多有句號<，但不完全，不悉何故。

題目單占一簡，與奇正篇同，文末無字數統計，又與之異。末簡下端空白，文章語氣已完。

【注釋】

①一曰不能而自能　按，此謂本來不能，而自以爲能。

②七曰遲　按，下文十五曰緩。遲者不速，緩者不嚴也（和緩）。

③十七曰□　按，缺文殘存左旁月及右旁寸字末筆，影本疑是「膊」字。

④十八曰戜（賊）　影本釋「十八曰賊」，注：「賊，殘暴。」今按，是也。説文：「賊，从戈則聲。」此則省刀耳。左傳昭公十四年：「殺人不忌曰賊。」列女傳：「刑殺不正謂之賊。」

〔將失〕

●將失：一曰，失所以往來①，可敗也<。二曰，收亂民而睘（還）用之，止北卒而睘（還）
斲之，无資而（一）
有資②，可敗也<。三曰，是非爭<，謀事辯訟③，可敗也<。四曰，令不行，衆不壹，可敗也。
五曰，（二）
下不服，衆不爲用，可敗也<。六曰，民苦其師，可敗也<。七曰，師老④，可敗也<。八曰，
師懷⑤，可（三）

敗也。九曰，兵遁⑥，可敗也<。十曰，兵□不□，可敗也<。十一曰，軍數驚⑦，可敗也<。十二曰，兵道（四）
足臽（陷），衆苦⑧，可敗也<。十三曰，軍事險固，衆勞⑨，可敗也。十四□□□□備，可敗也<。十五（五）
曰，日莫（暮）路遠，衆有至氣⑩，可敗也。十六曰，（中缺）可敗也。十七〔下缺〕（六）
衆恐，可敗也<。十八曰，令數變，衆偷，可敗也<。十九曰，軍淮，衆不能其將吏⑪，可敗也<。廿曰，（七）
多幸，衆怠⑫，可敗也<。廿一曰，多疑，衆疑⑬，可敗也。廿二曰，惡聞其過，可敗也。廿三曰，與不（八）
能⑭，可敗也。廿四曰，暴路傷志⑮，可敗也<。廿五曰，期戰心分⑯，可敗也<。廿六曰，恃人之傷（九）
氣⑰，可敗也<。廿七曰，事傷人，恃伏詐⑱，可敗也<。廿八曰，軍輿无□〔下缺〕（一〇）
下卒，衆之心惡，可敗也<。卅曰，不能以成陳（陣），出於夾道⑲，可敗也。卅一曰，兵之前行後（一一）
行之兵，不參齊於陳（陣）前⑳，可敗也<。卅二曰，戰而憂前者後虛，憂後者前虛，憂左（一二）

者右虛，憂右者左虛，戰而有憂，可敗也㉑。（下有字數統計痕跡）（一三）

右將失篇，原存十三簡，有殘缺，無篇題。影本注釋曰：「本篇文例字體與將敗篇相同，疑原是一篇。將失篇之文字可能緊接在將敗篇『多敗者多失』一句之後。」今按，影本擬想是也。將敗將失兩篇都加有句讀符號，是一共同特點；又將敗題目單占一簡，將失無題，而文末有字數統計的痕跡，亦爲旁證。影本既已分録，今故仍之。

全文凡列述三十二個「可敗」，僅第十、第十四、第十七、第廿八，文缺不明。

【注釋】

①失所以往來　影本注釋：「意謂調動軍隊盲無目的。」今按，失所以往來蓋謂當往而來，當來反往也。

②收亂民而睘（還）用之，止北卒而睘（還）斲之，无資而有資　按，睘即還字，已見將德篇。北卒，敗卒也。斲爲鬭之省文。資，影本注釋引尉繚子攻權：「六畜未聚，五穀未收，財用未斂，則雖有資，無資矣。」今按，尉繚子之資似指資用，謂五穀六畜雖多有，而未收未斂，仍無所資用。本文之資，當訓憑藉，謂北卒亂民雖衆，但不可資以作戰。實無可憑而以爲可憑，故可敗也。

③是非争，謀事辯訟　影本注釋引尉繚子兵教下：「謀患辯訟，吏究其事，累且敗也。」今按，劉寅尉繚子直解：「謀生患害辯訟，使吏推究其事，累且敗也。」其言與本篇相近。是非争持不下，謀事辯論不決，大計不定，故可敗。

④師老　按，左傳僖公三十三年「老師費財」，注：「師久爲老。」又僖公二十八年：「師直爲壯，曲爲

老。」師老，謂出師久，士氣疲沓。尉繚子兵教下：「師老，將貪，争掠，易敗。」

⑤師懷　按，懷謂懷念鄉土。

⑥兵遁　按，當謂士兵逃遁。一説，遁借爲頓。左傳襄公四年「甲兵不頓」，注：「壞也。」戰國策秦策「吾甲兵頓」，注：「罷（疲）也。」

⑦軍數驚　按，驚謂驚動恐懼。吴子料敵：「三軍數驚，師徒無助。」

⑧兵道足臽（陷），衆苦　按，臽同陷。此謂行軍道路，泥濘難行，人馬足陷，衆以爲苦。

⑨軍事險固，衆勞　按，周禮夏官司馬有掌固之官，復有司險之官。鄭注險固：「國所依阻者也，國曰固，野曰險。」險固，指城郭溝池樹渠及山林川澤之阻。事險固謂修城挖溝栽樹設防等。軍隊從事這些工作，過勞，則可敗。

⑩日莫（暮）路遠，衆有至氣　按，莫即暮。至，説文通訓定聲引字林：「至，到也。」史記春申君列傳「物至則反」，集解：「至，極也。」至氣蓋謂日暮路遠，人力至極將衰。尉繚子兵教下亦云：「日暮路遠，還有剉氣。」剉疑到之訛，到即至。吴子料敵：「有不卜而與之戰八……六曰道遠日暮，士衆勞懼。」

⑪軍淮，衆不能其將吏　影本注釋讀淮爲乖。今按，疑當讀爲潰，淮、潰古音同部。左傳文公三年：「凡民逃其上曰潰。」荀子議兵：「當之者潰」，注：「壞散也。」能，耐也，得也。左傳襄公二十一年：「范鞅與欒盈爲公族大夫而不相能。」此句謂軍心潰散，士卒不耐其將吏。

⑫多幸，衆怠　按，幸猶言偏愛，將多偏愛，衆心怠惰不快。

⑬多疑，衆疑　按，當謂將多疑引起衆疑。

⑭與不能　影本注釋：「與，親近，交往。不能，無能之輩。一説，與當讀爲舉，謂舉用不能之人。」

⑮暴路傷志　影本注釋讀路爲露，「謂士卒暴露於外，傷其心志。」今按，暴露於外乃行軍之常，何以傷其心志？疑暴露指當秘者不秘，當隱者不隱，使士卒不滿也。

⑯期戰心分　按，謂己與敵約期戰鬭而將帥不專心。

⑰恃人之傷氣　影本注釋：「此句意謂所憑藉的是敵人的鬭志消沉。」今按，傷氣語亦見尉繚子兵教下：「待人之救，期戰而蹙，皆心失而傷氣。傷氣敗軍，曲謀敗國。」劉寅尉繚子直解：「心主謀而氣主鬭，失心傷氣，安能設策而進戰？」傷氣謂士氣損傷也。

⑱事傷人，恃伏詐　按，事，使用。傷人，即傷氣之人。恃伏詐，依靠伏兵詐謀。

⑲不能以成陳（陣），出於夾道　夾道，影本注釋讀爲狹道。今按，是也。字亦作陜，説文：「陜，隘也。」荀子議兵作陿。吴子料敵：「險道狹路可擊。」又云：「陳而未定，舍而未畢，行阪涉險，半隱半出，諸如此者，擊之勿疑。」

⑳兵之前行後行之兵，不參齊於陳（陣）前　按，前兵字指軍隊，後兵字指兵器。參謂各種兵器之配合。齊謂整齊。此句言軍陣之上前列後列的士卒，兵器不配合，持兵又不整齊，則可敗。

㉑戰而憂前者後虚，憂後者前虚，憂左者右虚，憂右者左虚，戰而有憂，可敗也　按，憂，憂患、憂懼。此言作戰列陣，怕前面空虚而充實之，結果後面虚了；怕後面空虚而充實之，結果前面虚了；怕左面空虚而充實之，結果右面虚了；怕右面空虚而充實之，結果左面虚了。捉襟見肘，顧此失彼，有此憂患者，可敗也。

〔雄牝城〕

●城在渒澤之中①，无亢山名谷②，而有付丘③於其四方者，雄城也，不可攻也。軍食溜水④，□□□□□（一）也。城前名谷，倍（背）亢山，雄城也，不可攻也。城中高外下者，雄城也，不可攻也。城中有付丘者，雄城也，（二）不可攻也。營軍取舍⑤，毋回名水⑥，傷氣弱志，可毄（擊）也。城倍（背）名谷，无亢山其左右，虛城也⑦，可毄（擊）也⑧。（三）盡燒者，死襄也⑨，可毄（擊）也。軍食汜水者⑩，死水也，可毄（擊）也。城在發澤中⑪，无名谷付丘者，牝城也，可毄（擊）（四）也。城在亢山間，无名谷付丘者，牝城也，可毄（擊）也。城前亢山，倍（背）名谷，前高後下者，牝城也，可毄（擊）也。（五）

右雄牝城篇，五簡，無題目，無字數統計，篇首有圓點標誌。影本根據其内容，題曰「雄牝城」。

按，文中言「雄城」及「軍食溜水」皆不可攻；言「牝城」、「虚城」、「回名水」、「死襄（壤）」、「軍食氾水」，皆可擊。其所言不可攻之處，多在高處或左右有高地之處；其所言可擊之處，多在低地或左右無高地之處。是其言可攻不可攻，均就地形高下立説。淮南子地形云：「凡地形……高者爲生，下者爲死；丘陵爲牡，谿谷爲牝。」與此文意同也。

【注釋】

①城在渒澤之中　影本注釋謂：渒澤即小澤，小澤之稱渒澤猶小海之稱裨海。今按，史記騶衍傳（見孟子荀卿列傳）「（九州）有裨海環之」，索隱：「裨海，小海也。」影本據此，可爲一説。余謂：渒即卑字，涉上澤字而誤加水旁。卑澤，卑下之澤。禮記樂記「卑高已陳」，注：「謂山澤也。」與山對言，凡澤皆卑，故本文山爲亢山，澤爲卑澤。

②亢山名谷　影本注釋：「亢山，高山。」按，廣雅釋詁四：「亢，高也。」

③付丘　按，付乃附之省，已見月戰篇。説文：「附，附婁，小土山也。」引春秋傳曰：「附婁無松柏。」查左傳襄公二十四年「部婁無松柏」，作部婁。文選魏都賦李注引左傳作培塿，風俗通山澤：「部者，阜之類也。」付、附、部、培、阜，五字音同皆通，其義爲阜、爲冢、爲小土山，亦即丘也。

④軍食溜水　溜字亦見地葆篇，影本釋流。今按，溜當讀本字，溜爲急流，凡水下曰溜，應讀去聲，與流字義稍别。此下有缺文，影本謂全文當爲「軍食流水，生水也，不可攻也。」（句中流當作溜）軍食急溜之水不病，故爲生水。

⑤營軍取舍　影本注釋：「營軍，安營。」引孫子行軍「（塵）少而往來者，營軍也」，杜牧注云：「欲定

營壘，以輕兵往來爲斥候，故壘少也。」今按，説文：「營，帀居也。」軍駐，築土爲壘，以兵車圍繞，故曰營軍。取舍，古人行軍日行三十里一宿，爲一舍。左傳莊公三年「凡師一宿爲舍」，又僖公二十三年「其辟君三舍」，賈注：「三舍，九十里也。」舍，止也。行軍一日一舍，故曰取舍。

⑥毋回名水　按，名水，大水。毋，當訓不，禮記郊特牲：「昆蟲毋作。」即昆蟲不作。回，繞也。此言營軍取舍，不依傍大水，即無溜水可食，致使傷害士氣，削弱鬭志。

⑦虛城也　按，下文皆言牝城，此獨言虛城，虛牝意同。

⑧可毄（擊）也　影本注釋：「此簡簡尾稍殘，也字下也可能無缺文。」今按，此句已完，應無缺文。

⑨盡燒者，死襄也　影本注釋燒讀磽。今按，盡磽難通。盡，即燼，古作㶳，説文：「火餘也。」左傳成公二年「收合餘燼」，注：「火餘木也。」襄，借爲壤，説文：「柔土也。」此言其地被焚，尚有餘燼，草木不生，爲死壤，軍止於此，則可擊。

⑩軍食氾水者　影本注釋：「氾水，與上文流（當作溜）水對舉，謂積水。」廣雅釋詁三：「氾，汙也。」左傳隱公三年『潢汙行潦之水』，孔疏引服虔注云：『水不流謂之汙。』」今按，汙亦作洿，説文：「洿，濁水不流也。」此言氾水，與溜水相對，溜水爲河中急流之水，氾水，蓋氾出河外之積水也。軍飲氾水則易病，故可擊。

⑪城在發澤中　影本注釋：「發澤，疑當讀爲沛澤。發與沛，古音相近。管子揆度『焚沛澤』，尹注：『沛，大澤也。一曰水草兼處曰沛。』」今按，荀子議兵引詩曰「武王載發」，毛詩作「武王載旆」。旆、沛同从市聲，以發爲旆猶此以發爲沛，古音相同也。據孟子「沛澤多」，趙注：「草木所生也。」劉注：

「水草相半。」又公羊僖四年「大陷于沛澤之中」，注曰：「草棘曰沛，漸洳曰澤。」則上引管子揆度尹注，一曰「水草兼處曰沛」，爲是也。

〔五度九奪〕

〔上缺〕矣。救者至，有（又）重敗之。故兵之大數，五十里不相救也。皇（況）近（一）

〔上缺〕數百里①，此程兵之極也②。故兵曰③：積弗如，勿與持久④。衆弗如，勿與椄和⑤。（二）

〔上缺〕與攘長。習弗如，毋當其所長⑥。五度暨明，兵乃衡行⑦。故兵（三）

〔上缺〕趨適（敵）數⑧：一曰取糧，二曰取水，三曰取津＜，四曰取涂，五曰取險，六曰取易，七曰（四）

〔上缺〕曰取其所讀（獨）貴。凡九奪⑨，所以趨適（敵）也。　●四百二字（五）

右五度九奪篇，存五簡，俱殘上端。第一簡前仍當有簡，惜已佚不可見，題目亦失。

五簡現存一百一十一字，較之原篇後統計四百零二字，少二百九十一，可見現存文字尚不及原篇三分之一。殘缺既多，幸「五度」「九奪」細目略存，可以見其大概，故影本即以「五度九奪」名篇，加括號誌之。

【注釋】

①皇（況）近〔中缺〕數百里　影本注釋釋皇爲況，云：「此句有缺文，據文意原文似當爲『況近者數里，遠者數百里』。」今按銀雀山同出竹簡孫子兵法實虛篇亦以皇爲況。又按，上文既言「五十里不相救」，可知五十里内非不相救，影本所補「近者數里」，在五十里内，與上文抵觸，宜改爲「近者百里，遠者數百里。」

②此程兵之極也　按，禮記儒行：「鷙蟲攫搏，不程勇者，引重鼎，不程其力。」注：「程，猶量也。」此句意爲超過五十里就不能相救，故五十里這個大數是程量兵力的極限。影本注釋説「謂衡量軍事行動」，不確。

③故兵曰　按客主人分篇附簡亦引兵曰云云。「兵」似是古兵書名。影本注釋：「戰國策楚策一記張儀言曰：『臣聞之，兵不如者，勿與挑戰，粟不如者，勿與持久。』（亦見史記張儀列傳），張儀所引之語疑與簡文所引『兵曰』同出一源。」

④積弗如，勿與持久　按，左傳僖公三十三年「居則供一日之積」，注：「積，芻米禾薪。」

⑤衆弗如，勿與椄和　按，椄即接，接和指對陣，見十問篇「交和而舍」注。

⑥習弗如，毋當其所長　按，國語周語上：「獮于既烝，狩于畢時，是皆習民數者也。」注：「習，簡習也。」簡習即訓練。

⑦五度暨明，兵乃衡行　按，暨同既，衡同横，度謂量度敵我。五度指上文之積、衆、□、□、習（簡缺

兩項）。言以此五者度量敵我，孰爲優劣，可戰則戰，不可戰則不戰，兵乃横行而不受制於人。

⑧趨適（敵）數　按上文缺，「趨敵數」三字似自爲一句，言攻擊敵人的大數有下列九事：取糧、取水、取津、取涂、取險、取易、取□、取□、取其所獨貴。

⑨凡九奪　按，九奪即上文所説之九取，與敵争奪有此九事。其中取津，津指渡口。涂指道路，險指險隘，易指平易之地。中缺七、八兩事。讀貴，影本釋爲獨貴，謂敵人之要害。是也。

〔積疏〕

〔上缺〕〔積〕勝疏①，盈勝虛，徑勝行②，疾勝徐，衆勝寡，劮（佚）勝勞③。積故積之，疏故疏之④，（一）

盈故盈之，虛〔故虛之，徑故徑〕之，行故行之，疾故疾之，〔徐故徐之，衆故衆〕之，寡故寡之，（二）

劮（佚）故劮（佚）之，勞故勞之。積疏相爲變，盈虛〔相爲變，徑行相爲變〕，疾徐相爲變，衆寡相（三）

〔爲變，劮勞相〕爲變。毋以積當積，毋以疏當疏，毋以盈當盈，毋以虛當虛，毋以疾當疾，（四）

毋以徐當徐，毋以衆當衆，毋以寡當寡，毋以𠡠（佚）當𠡠（佚），毋以勞當勞。積疏相當，盈虛相〔五〕

〔當，徑行相當，疾徐相當，衆寡〕相當，𠡠（佚）勞相當。適（敵）積故可疏，盈故可虛，徑故可行，疾〔六〕

（以下簡缺）

右積疏篇，共六簡，全文首尾俱缺，中間也有缺文，但根據上下文意，都能準確地將文字補齊。影本注釋云：「本篇字體與五度九奪相同，疑本是一篇。」但首簡既殘，無法與五度九奪篇相連接，故今單獨作爲一篇。題目已佚，影本編者取首句「積疏」爲題。

文中論述積與疏、盈與虛、徑與行、疾與徐、衆與寡、佚與勞等六對相反的概念，既是相反，又有所勝（如積勝疏等），同時又是互相轉化的（如積疏相爲變等）。積疏、盈虛、徑行、疾徐、衆寡、佚勞都是軍事上所用的名詞概念，本文所論，富有辯證法精神，有一定的普遍意義。

【注釋】

①〔積〕勝疏　影本注釋：「積，猶言數，密集。」疏字未釋，蓋以爲疏與密相對，意爲稀疏。按十陣篇有疏陣數陣，疏陣爲隊伍稀疏之陣，數陣爲隊伍密集之陣，影本注釋受其文之影響，故釋「積，猶數也」。然而十陣篇言「疏可以取鋭」，「數不可掇」，固不必積勝疏也。余以爲本篇之「積疏」不同於十陣之「數疏」。本篇積當訓聚，疏當訓分。淮南子兵略「積弩陪後」，即此積字之義。同書原道「襄子

疏隊而擊之」，注：「分也。」即此疏字之義。積勝疏，猶言集中勝分散。

②徑勝行　徑即徑，下文即作徑，漢簡隸書从人與从彳同。影本注釋：「徑，小路，捷徑。行，大道。」今按，捷徑勝大道，固已難解，下文「徑行相爲變」更爲難通，小路和大道如何轉化乎？管子兵法「徑乎不知」，注云：「徑，謂卒（猝）然直指，故敵不知。」徑與行相對，徑謂猝然直指，行謂常行也。

③劮（佚）勝勞　按，劮即佚，古書又多作逸。廣雅釋言：「劮，豫也。」又釋詁一：「佚，樂也。」詩小雅十月之交「民莫不逸」，箋：「豫也。」書無逸，今文尚書作無劮。劮、佚、逸，古通用。

④積故積之，疏故疏之　按，此十二句之故字同乃。此十二句直貫下文「毋以積當積」「積疏相當」等句，意謂敵人若是集中，就由他集中，不要以集中對集中；敵人若是分散，就由他分散，不要以分散對分散（毋以積當積，毋以疏當疏）。要以集中對分散，以分散當集中（積疏相當）。餘句類推。此蓋淮南子議兵所謂「變化消息，無所凝滯」之意。

奇正

奇正①（一）

天地之理，至則反，盈則敗②，□□是也③。代興代廢，四時是也④。有勝有不勝，五行是也⑤。（二）

有生有死，萬物是也。有能有不能，萬生是也⑥。有所有餘，有所不足，刑（形）埶（勢）是也⑦。故有（三）

刑（形）之徒，莫不可名⑧。有名之徒，莫不可勝⑨。故聖人以萬物之勝＝萬物⑩，故其勝不屈⑪。戰（四）

者，以刑（形）相勝者也⑫。刑（形）莫不可以勝，而莫智（知）其所以勝之刑（形）⑬。刑（形）勝之變，與天地相敝而不窮⑭。（五）

刑（形）勝，以楚越之竹書之而不足⑮。刑（形）者皆以其勝＝者也。以一刑（形）之勝＝萬刑（形），不可。所以裚（制）刑（形）（六）

壹也⑯，所以勝不可壹也。故善戰者，見適（敵）之所長，則智（知）其所短；見適（敵）之所不足，則智（知）（七）

其所有餘。見勝如見日月。其錯勝也⑰，如以水勝火⑱。刑（形）以應刑（形），正也；無刑（形）而裚（制）刑（形），奇也⑲。（八）

奇正無窮，分也⑳。分之以奇數㉑，裚（制）之以五行㉒，斲（鬭）之以□□㉓。分定則有刑（形）矣，刑（形）定則有名（九）

□□□□則□□，同不足以相勝也㉔，故以異爲奇<。是以静爲動奇，失（佚）爲勞奇，飽（一〇）

爲飢奇，治爲亂奇，衆爲寡奇。=發而爲正，其未發者，奇也。奇發而不報，則勝（一一）矣㉕。有餘奇者，過勝者也㉖。故一節痛，百節不用，同禮（體）也㉗。前敗而後不用，同刑（形）也。（一二）

故戰埶（勢），大陳（陣）□斷，小陳（陣）□解㉘。後不得乘前，=不得然後㉙，進者有道出，退者有（一三）道入。賞未行，罰未用，而民聽令者，其令、民之所能行也。賞高罰下，而民不聽（一四）其令者，其令、民之所不能行也。使民唯（雖）不利，進死而不筍（旋）踵㉚，孟賁之所難也㉛，（一五）而責之民，是使水逆留（流）也㉜。故戰埶（勢），勝者益之，敗者代之，勞者息之，飢者食（一六）之㉝。故民見□人而未見死<，道白刃而不筍（旋）踵㉞。故行水得其理，剽石折舟㉟。用民得（一七）其生（性），則令行如留（流）㊱。　四百八十七（一八）

右奇正篇，共十八簡，前有篇題，單獨寫在第一簡上，後有字數統計，寫在第十八簡下端。中間文辭連貫，首尾完具。各簡有的有缺文，合共不過十幾字。補足缺字後，不計重文及其他符號，共爲四百九十三字，較之原統計四百八十七，多六字。

奇正是古代兵家研究制敵取勝的一種理論。奇正這種理論也見於其他古書，淮南子議兵云：「同，不足以相治也，故以異爲奇。兩爵（雀）相與鬭，未有死者也，鸇鷹至則爲之解，以其異類也。故静爲躁奇，治爲亂奇，飽爲飢奇，佚爲勞奇。奇正之相應，若水火金木之代爲雌雄也。」本篇亦言：「同，不足以相勝也，故以異爲奇。是以静爲動奇，佚爲勞奇，飽爲飢奇，治爲亂奇，衆爲寡奇，發而爲正，未發者奇也。」二書精神一致，當有其互相繼承之關係，惟本篇是專論奇正，較之淮南子更爲系統完整，爲我們對古代兵家的理論研究，提供了寶貴材料。

本篇，影本注釋甚精，今多所採，間有拙見，並附後方。

【注釋】

①奇正　影本注釋：「奇與正相對，正指一般的，正常的；奇指特殊的，變化的。老子五十七章：『以正治國，以奇用兵。』又五十八章：『正復爲奇。』孫子勢篇：『凡戰者，以正合，以奇勝。』」今按，奇正是相對的兩個概念，在正常情況下是正者，在特殊情況下可變爲奇，反之亦然。本篇言：「故以異爲奇」，「發而爲正，其發者奇也。」二語爲其精義。

②天地之理，至則反，盈則敗　影本注釋引淮南子泰族：「天地之道，極則反，盈則損。」又引管子重令：「天道之數，至則反，盛則衰。」又引左傳哀公十一年：「盈必毁，天之道也。」今按，戰國策秦策四：「物至而反，冬夏是也。」亦言天道至則反。

③□□是也　影本注釋：「此處所缺二字，疑是『日月』或『陰陽』。」

④代興代廢，四時是也　影本注釋：「代，更也，遞也。」引史記律書：「遞興遞廢，勝者用事。」又孫子勢篇：「死而復生，四時是也。」按，四時指春夏秋冬。

⑤有勝有不勝，五行是也　影本注釋：「五行指水火木金土。五行相勝是戰國時代流行的思想。相勝即相克，指水勝火，火勝金，金勝木，木勝土，土勝水。孫子虛實：『故五行無常勝，四時無常位。』王晳注：『迭相克也。』六韜龍韜五音：『金木水火土，各以其勝攻之。』」今按，淮南子議兵亦云：「若水火金木之代爲雌雄也。」

⑥萬生是也　影本注釋：「萬生，各種生物。」

⑦刑（形）埶（勢）是也　影本無注。今按，刑埶即形勢。孫子形篇：「稱（銀雀山竹簡本有稱字）勝者之戰民也，若決積水於千仞之谿者，形也。」同書勢篇：「勇怯，勢也。强弱，形也。」李筌注：「形謂主客、攻守、八陣、五營、陰陽、向背之形。」又曰：「陣以形成，如決建瓴之勢。」劉寅孫子直解：「形者，戰守之形也。勢者，破敵之勢也。」

⑧故有刑（形）之徒，莫不可名　影本注釋：「意謂有形體的東西，没有不可命名的。」引管子心術：「物固有形，形固有名。」

⑨有名之徒，莫不可勝　影本注釋：「意謂有名稱的事物，没有不可制服的。孫子勢：『鬭衆如鬭寡，形名是也。』形名之説是戰國時代流行的學説。」

⑩故聖人以萬物之勝勝萬物　影本注釋：「意謂利用萬物各自的特性互相克制，以此駕馭萬物。淮

南子兵略：『觀彼之所以來，各以其勝應之。』鶡冠子世兵：『物有相勝，故水火可用也。』意皆與此相近。」

⑪故其勝不屈　影本注釋：「屈，窮盡。『勝不屈』之語亦見淮南子兵略：『制刑（形）而無刑（形）故功可成，物物而不物，故勝而不屈。』」今按，此連上文是説：任何有形事物，皆可被别的事物制服，所以「聖人」就利用可以制服此事物的有形事物來制服此事物，這樣，在「聖人」手下萬物無不可以制服，故其取勝無窮無盡。

⑫以刑（形）相勝者也　影本注釋：「『以形相勝』之語亦見淮南子兵略：『夫有形埒者，天下訟（公）見之；有篇籍者，世人傳學之，此皆以形相勝者也。』」

⑬刑（形）莫不可以勝，而莫智（知）其所以勝之刑（形）　刑即形，智即知。影本注釋：「意謂有形之物没有不可制服的，問題是不知道用什麽去制服它。」今按，此注未晰。句中「其」字指「聖人」。此句意爲：戰争是以形制形而取勝，但聖人所用以制勝之形，不是固定的，而是隨機變化，所以無人知道是什麽形。孫子虚實：「人皆知我所以勝之刑，而莫知吾所以制勝之形。」即此意。

⑭刑（形）勝之變，與天地相敝而不窮　影本注釋：「敝，盡。與天地相敝，意謂與天地共存。鶡冠子王鈇：『與天地相蔽，至今尚在。』」今按，鶡冠子作「蔽」，與「敝」義有别。與天地相蔽謂與天地互相掩覆如一，而敝則訓盡。

⑮刑（形）勝，以楚越之竹書之而不足　影本注釋引吕氏春秋明理：「盡荆越之竹猶不能書。」今按吕氏春秋明理此句有注云：「楚越，竹所出也。尚不能勝書者，妖。」楚越指長江流域，其地産竹；竹

所以爲竹簡以著書者也。此言形勝變化之多，罄竹猶不足書。

⑯所以裚（制）刑（形）壹也　影本注釋：「管子大匡『裚領而刎頸者』，尹注：『裚謂掣斷之也。』案：古『折』聲與『制』聲相近，疑裚即製之異體，在此當讀爲制。以上兩句意謂用來制勝的原則是一樣的，用來制勝的事物是各種各樣的。」今按，裚，即折字，折制通假。尚書呂刑「制以刑」，墨子尚同中引作「折以刑」。論語顔淵「片言可以折獄」，魯論折作制。廣雅釋詁一：「制，折也。」大戴禮記保傅「不中于制獄」，即折獄。此處讀爲制，説文：「制，裁也，止也。」

⑰其錯勝也　影本注釋：「錯，同措，措置。」今按，錯、操一聲之轉，錯疑操之借。操勝，謂掌握勝算。

⑱以水勝火　影本注釋：「按照五行學説，水勝火。尚書大傳：『三五之治，如環之無端，如水之勝火。』又淮南子兵略：『今人之與人，非有水火之勝也。』」今按，「如以水勝火」喻善戰者之操勝，肯定無疑。

⑲刑（形）以應刑（形），正也；無刑（形）而裚（制）刑（形），奇也　影本注釋：「以上兩句意謂：用有形對付有形，是正；用無形制服有形，是奇。淮南子兵略：『制形而無形，故功可成。』又同篇：『無形而制有形，無爲而應變，雖未能得勝於敵，敵不可得，勝之道也。』都强調用無形制服有形的重要。」今按，同書又言：「爲魚鼈者，則可以網罟取也；爲鴻鵠者，則可以矰繳取也；唯無形者，無可奈也。」故本文以爲無形制有形，奇也。

⑳奇正無窮，分也　影本注釋：「孫子勢：『奇正之變，不可勝窮也。』六韜龍韜軍勢：『奇正發於無窮之源。』」今按，孫子勢篇：「戰勢不過奇正，奇正之變不可勝窮也。奇正相生，如循環之無端，孰

能窮之哉？」分字，影本未釋，今按，疑當讀去聲，言奇正相變無窮無盡，而各有自己的分位，即奇是奇，正是正。或説，「奇正無窮分」是一句，言分爲奇正，是無窮的。

㉑分之以奇數　影本注釋引孫子勢篇「凡治衆如治寡，分數是也」，梅堯臣注：「部伍奇正之分數，各有所統。」今按，孫子勢篇劉寅直解：「分，謂偏裨卒伍之分。數，謂十百千萬之數。各有統制，而大將總其綱領，故治百萬之衆與治寡同。」參考以上諸説，「分之以奇數」大概意思是按系統分劃隊伍，各給以或奇或正的職分。職分既定，即爲有形，故下文言「分定則有刑矣」。

㉒裚（制）之以五行　影本注釋引鶡冠子天權：「下因地利，制以五行，左木右金，前火後水，中土，營軍陣士，不失其宜，五度既正，無事不舉。」

㉓斲（鬭）之以□□　按，斲即鬭字，將失篇「止北卒而畏斲之」，亦如此作。兩缺文原簡尚存殘畫，似「三壹」二字。八陣篇有「鬭一守二」語，十問篇亦有「參（三）分我兵」語。此句可能是三分我兵以其一鬭之意，與上文「分之以奇數」相應。

㉔同不足以相勝也　影本注釋引淮南子兵略：「今使陶人化而爲埴，則不能成盆盎；工女化而爲絲，則不能織文錦。同莫足以相治也，故以異爲奇。兩爵（雀）相與鬭，未有死者也，鸇鷹至，則爲之解，以其異類也。故静爲躁奇，治爲亂奇，飽爲飢奇，佚爲勞奇。奇正之相應，若水火金木之代爲雌雄也。」

㉕奇發而不報，則勝矣　按，報，復也。此謂出奇兵而没有受到報復，就勝利了。

㉖有餘奇者，過勝者也　影本注釋：「餘奇、過勝，未詳。」以下引文可能相關，録供參考。風后握奇

經：『八陣，四爲正，四爲奇，餘奇爲握奇。』鶡冠子兵政：『在權，故生財有過富；在勢，故用兵有過勝。』」今按，詳本文上下文意，似謂用奇有餘則過勝，過猶不及，過勝謂有不勝，即不得全勝之意，故下文言同體同形都會有害。

㉗故一節痛，百節不用，同禮（體）也　影本注釋：「節，骨節。說苑尊賢：『見虎之尾而知其大於貍也，見象之牙而知其大於牛也，一節見則百節知矣。』」今按，簡文禮字爲體字之誤。本書官一篇體作體，馬王堆帛書戰國縱横家書第十八章體亦作體。體禮形近而誤也。

㉘大陳（陣）□斷，小陳（陣）□解　影本注釋：「淮南子兵略：『明奇正之變，察行陳解贖之數。』俞樾諸子平議云：『解贖，當爲解續。解之言解散也，續之言連續也，解續猶言分合。』疑簡文『小陳□解』之解即淮南子解續之解。簡文『大陳□斷』之斷亦與解義近。兵略下文又云：『故前後正齊，四方如繩，出入解續，不相越凌……此善脩行陳者也。』簡文下文云『後不得乘前，前不得然後』，亦與淮南子『不相越凌』同意。」今按，陳同陣，大陣由小陣組成（見八陣篇注），可言斷，不可言解；小陣乃作戰單位，故言解而不言斷。

㉙後不得乘前，前不得然後　然，影本釋蹨，注云：「踐踏。」今按，當釋撚。說文：「撚，一曰蹂也。」淮南子兵略：「陳卒正，前行選，進退俱，什伍搏，前後不相撚，左右不相干。」正作撚。高誘注：「撚，蹂蹈也。」與說文合。太平御覽卷二七一引淮南子此文作蹍。莊子庚桑楚「蹍市人之足」，亦作蹍，釋文：「蹈也。」

㉚使民唯（雖）不利，進死而不筍（旋）踵　按，唯不利，謂不利於民。唯通雖。筍踵，下文作筍蹱，本

書善者篇作還曈，即旋踵也。詳善者篇注。

㉛孟賁之所難也　按，孟賁，古之勇士，已見勢備篇。

㉜是使水逆留（流）也　留，影本釋流。今按，讀爲溜亦可。溜，急流也。

㉝故戰埶（勢），勝者益之，敗者代之，勞者息之，飢者食之　按，淮南子兵略：「民之所望於主者三：飢者能食之，勞者能息之，有功者能德之。」

㉞道白刃而不筍（旋）蹱　按，此語亦見善者篇。道，蹈也。

㉟故行水得其理，剽石折舟　影本注釋讀爲「漂石折舟」。今按威王問篇「剽風之陳」，以剽爲飄，本篇以爲漂字，亦通借也。孫子勢篇：「激水之疾至于漂石者，勢也。」折舟，折有二義：一曰折斷，一曰折回，此處二義皆可通。

㊱用民得其生（性），則令行如留（流）　影本釋生爲性，留爲流，是也。引管子牧民：「下令于流水之原者，令順民心也。」按管子此語，于讀爲如，原讀爲源。

附録

銀雀山漢墓竹簡孫臏兵法原簡摹寫本

（據文物出版社孫臏兵法綫裝大字本影印）

上編

擒龐涓

禽龐涓

一背

昔者梁君将攻邯鄲使将軍龐涓帶甲八萬　至於茬丘齊君聞之使将軍忌子帶甲八萬至

一正

競龐子攻衛　卩頁将軍忌

二

衛卩頁救與

三

曰若不救衛将何為孫子曰請南攻平=陵=其城小而縣大人衆甲兵盛東陽戰邑難攻也吾将示之疑

四

吾攻平陵南有宋北有衛當涂有市丘是吾糧涂絕也吾將示之不智事於是徙舍而走平陵 五

陵忌子召孫子而問曰事得何爲孫子曰都夫=孰爲不識事曰齊城高唐孫子曰請取所 六

二夫=以 臧 都横卷四達環涂 横卷所 陳也 七

環涂輮甲之所處也吾末甲勁本甲不斷環涂 擊柀其後二夫=可殺也於是段齊城 高唐爲 八

而直將蟻傅平陵挾茁環涂夾擊其後齊城 高唐當術而大敗將軍忌子召孫子問曰吾攻 九

平陵不得而亡齊城高唐當術而厥事將何爲 孫子曰請遣輕車西馳梁郊以怒其氣分卒而 一〇

從之示之寡於是爲之龐子果棄其輜重兼　取舍而至孫子弗息而擊之桂陵而禽龐涓故 一一

曰孫子之所以爲者盡矣　○　四百六 一二

子曰吾 一三

〔見威王〕

孫子曰毋待　三日 一四

孫子見　威王曰夫兵者非士恆勢也此先王之傳道也戰勝則所以在亡國而繼絕世也戰 一五

不勝則所以削 地而危社稷也是故兵者不可不察 然夫樂兵者亡而利勝者辱兵非所樂

一六

也而勝非所利也事備而后動故城小而守固者有委也卒寡而兵強者有義也夫守而

一七

无委戰而无義天下无能以固且強者堯有 天下之時詘王命而弗行者七夷有二中國四

一八

素佚而至利也戰勝而強立故天下服矣昔者神戎戰斧遂黄帝戰蜀祿堯伐 共工舜伐劇

一九

而并三苗又

二〇

管湯汸桀武王伐紂 帝奄反 故周公淺之故曰德不若五帝而能不及三王 知不若周公曰

二一

我將欲責仁義式禮樂垂衣常以禁爭挩此堯舜非弗欲也不可得故舉兵繩之　二二

威王問

威王問　二三背

齊威王問用兵孫子曰兩軍相當兩將相望皆堅而固莫敢先舉為之奈何孫子合曰以輕卒　二三正

嘗之賤而男者將之期於北毋期於得為之微陳以觸其廁是胃大得・威王曰用眾用　二四

寡有道乎孫子曰有威王曰我強適弱我眾適寡用之奈何孫子再拜曰明王之問夫眾且　二五

強敵問用之則安國之道也命之曰贊師毀　卒亂行以順其志則必戰矣威王曰適衆我

二六

寡適強我弱用之奈何孫子曰命曰讓威　必臧其尾令之能歸長兵在前短兵在

二七

a

爲之流弩以助其急者　毋動以侍適能威　王曰我出適出未知衆少用之奈何孫子命曰

二八

b

威王曰毄窮寇奈何孫子

二九

可以侍生計矣威王曰毄鈞奈何孫子曰營而　離之我并卒而毄之毋令適知之然而不離案

三〇

而止毋毄疑威王曰以一毄十有道乎孫子曰有　功其无備出其不意·威王曰地平卒齊合而北

三一

者何也孫子曰其陳无逢也威王曰令民素聽　奈何孫子曰素信威王曰善哉言兵埶不窮

三二

·田忌問孫子曰患兵者何也困適者何也壁延　不得者何也失天者何也失地者何也失人者何

三三

a b

也請問此六者有道乎孫子曰有患兵者地也　困適者險也故曰三里籍洳將患軍

三四

涉將留大甲故曰患兵者地也困適者險也壁　延不得者渠寒也

三五

奈何孫子曰鼓而坐之十而揄之田忌曰行陳已定　動而令士必聽奈何孫子曰嚴而視之利田忌

三六

曰賞罰者兵之急者邪孫子曰非夫賞者所以喜　眾令士忘死也罰者所以正亂令民畏上也可

三七

以益勝非其急者也田忌曰權勢謀詐兵之急　者邪孫子曰非也夫權者所以聚衆也勢者所以　三八

令士必鬭也謀者所以令適无備也詐者所以困　適也可以益勝非其急者也田忌忿然作色此　三九

六者皆善者所用而子夫=曰非其急者也然則其　急者何也孫子曰繚適計險必察遠近　四〇

將之道也必攻不守兵之急者也　四一

骨也田忌問孫子曰張軍毋戰有道孫子曰有　倅險增壘諍戒毋動毋可禾　毋可怒田忌　四二

曰適衆且武必戰有道乎孫子曰有埤壘廣志　嚴正輯衆辟而驕之引而勞之攻亓无備出亓　四三

不意必以爲久田忌問孫子曰錐行者何也鴈行　者何也篡卒力士者何也勁弩趨發者何也

四四

剽風之陳者何也衆卒者何也孫子曰錐行者　所以衝堅毀兑也鴈行者所以觸廁應

四五

篡卒力士者所以絶陳取將也勁弩趨發者所以　甘戰持久也剽風之陳者所以回

四六

衆卒者所以分功有勝也孫子曰明主知道之將　不以衆卒幾功孫子出而弟子問曰威王田忌

四七

臣主之問何如孫子曰威王問九田忌問七幾　知兵矣而未達於道也吾聞素信者昌立義

四八

用兵无備者傷窮兵者亡齊三葉其憂矣

四九

善則適為之備矣孫子曰

五〇

孫子曰八陳已陳

五一

貝孫子

五二

險=成=適将為正出為三陳一

五三

倍人也衆而止之盈而侍之然而不

五四

无備者困於地不　者

五五

陳忌問壘

士死　而傳

五六

陳忌問壘

五七背

·田忌問孫子曰吾卒

五七正

不禁爲之柰何孫子曰明將之問也此者人之所過而不急也此言之所以疾

五八

志也·田忌曰可得聞乎曰可用此者所以應卒窘處隘塞死地之中也是吾所以取寵

五九

而禽泰子申也田忌 曰善事已往而刑不見孫子 曰疾利者所以當蟥池也車者所以當壘

六〇

所以當堞也發者所以當俾堄也長兵次之所以救其隋也從次之者所以爲長兵

六一

也短兵次之者所以難其歸而徼其衰也 弩次之者所以當投幾也中央无人故盈之以

六二

辛已定乃具其法制曰以弩次疾利然后以其法 射之壘上弩戟分法曰見使枼來言而動

六三

去守五里直候令相見也 高則方之下則員 之夜則舉鼓晝則舉旗

六四

·田忌問孫子曰子言晉邦之將 荀息孫 軫之於兵也未

六五

無以軍恐不守忌子曰　善田忌問孫子曰子言晉邦之將荀息孫　六六

也勁將之陳也孫子曰士卒　六七

田忌曰善獨行之將也　六八

言而後中田忌請問　六九

人田忌請問　兵請奈何　七〇

見弗取田忌服問孫　七一

槖　馬孫子曰兵之

七二

應之孫子曰伍

七三

孫子曰殳

七四

見之孫子

七五

以也孫

七六

將戰書柧所以哀正也誅　規旗所以嚴後也善爲陳者必　賢

七七

篡卒

明之吳越　言之於齊曰智孫氏之道者必合於天地孫氏者　七八

求其道國故長久孫子　七九

問智道奈何孫子　八〇

而先智勝不勝之胃智道　戰而智其所　八一

所以智適所以曰智故兵無　八二

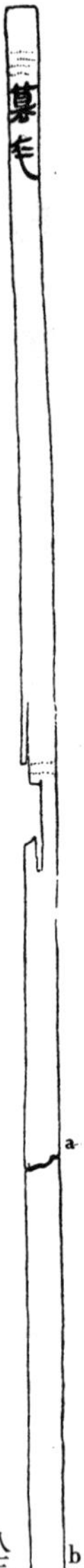

篡卒

八三背

孫子曰兵之勝在於篡卒其勇在於制其巧在於埶其利在於信其德在於道其富

八三正

在於亟歸其强在於休民其傷在於數戰·孫子曰德行者兵之厚積也信者兵

八四

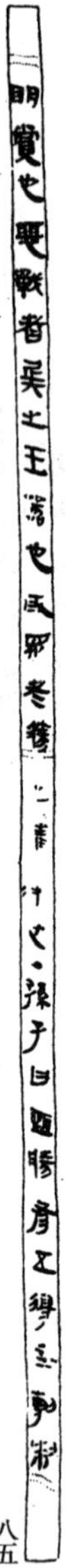

明賞也惡戰者兵之王器也取衆者勝

也·孫子曰恆勝有五得主剸制

八五

勝知道勝得衆勝左右和勝糧適計險　勝·孫子曰恆不勝有五御將不勝不知

八六

道不勝乖將不勝不用閒不勝不得衆不　勝·孫子曰勝在盡

八七

明賞撰卒乘適

八八

之　是胃秦武之孫=孫子曰不得主弗將也

八九

令一曰信　二曰忠　三曰敢　安忠=王　安信=賞　安敢=去不善　不忠於王不敢用其

九〇b

兵不信於賞百生弗德　不敢去不善　百生弗畏　·二百卅五

九一

月戰

月戰

九二背

孫子曰閒於天地之閒莫貴於人戰　不單　天時地利人和三者不得　雖勝有央是以必

九二正

付與而　戰不得已而後戰故撫時而戰　不復使亓衆　无方而戰　者小勝以付磨者

九三

也　孫子曰十戰而六勝以星也十戰而七勝以日　者也十戰而八勝以月者也十戰而九勝月有

九四

而十勝將　善而生過者也一單

九五

所不勝者也五＝者有所壹不勝故戰之道有多　殺人而不得將卒者有得將卒而不得舍者

九六

有得舍而不得將軍者　有復軍殺將者　故得亓道則雖欲生不可得也　八十

九七

八陣

八陳

九八背

孫子曰知不足將兵自恃也勇不足將兵自廣也不知道數戰不足將兵幸也夫安

九八正

萬乘國廣萬乘王全萬乘之民命者唯　知=道=者上知天之道下知地之理內得

九九

其民之心外知適之請陳則知八陳之經見　勝而戰弗見而諍此王者之將也

一〇〇

孫子曰用八陳戰者因地之利用八陳之宜用陳參分誨陳有蓳誨逢有後皆侍令而動闘一

一〇一

守二以一侵適以二收、適弱以亂先其選卒以乘之適强以治先其下卒以誘之車騎與戰者分

一〇二

以為三、一在於右一在於左一在於後易則多其車險則多其騎厄則多其弩險易必知生地

一〇三

死地居生毄死　二百一十四　八陳

一〇四

地葆

孫子曰凡地之道陽為表陰為裏直者為剛術者為紀=剛則得陳乃不惑直者毛產術

一〇五

者半死凡戰地也日其精也八風將來必勿忘也絕水迎陵逆溜居殺地迎眾樹者鈞舉

一〇六

也五者皆不勝南陳之山生山也東陳之山死山也東注之水生水也北注之水死水不留死水也 一〇七

五地之勝曰山勝陵=勝阜=勝陳=丘=勝林平地　五草之勝曰藩棘椐茅莎　五壤之勝青 一〇八

勝黃=勝黑=勝赤=勝白=勝青五地之敗曰谿　川澤斥五地之殺曰天井天宛天離天埳天 一〇九

柖五墓殺地也勿居也勿　也春毋降秋毋　登軍與陳皆毋政前右=周毋左周、地䅋 二百 一一〇

勢備

埶備 一一一背

一孫子曰夫陷齒戴角前蚤後鋸喜而合怒而斲　天之道也不可止也故无天兵者自爲備聖人之事　一一一正

也黃帝作劍以陳象之羿作弓弩以埶象之禹作　舟車以變象之湯武作長兵以權象之凡此四　一一二

者兵之用也何以知劍之爲陳也旦莫服之未必用　也故曰陳而不戰劍之爲陳也劍无封唯孟賁　一一三

不敢　陳无蚤　非孟賁之勇也敢将　而進者不智兵之至也劍无首鋌唯巧士不能進　一一四

陳无後非巧士敢将而進者不知兵之請者　故有蚤有後相信不動適人必走无蚤无後　一一五

峉不道何以知弓奴之爲埶也發於肩應之閒　殺人百步之外不識亓所道至故曰弓弩埶也何以　一一六

之為變也高則

二一七

何以知長兵之權也　擊非高下非

二一八

盧毀肩故曰長兵權也凡此四

二一九

中之近

二二〇

也視之近中之遠、權者晝多旗夜多鼓所以送　戰也凡此四者兵之用也　皆以為用而莫勶亓道

二二一

功凡兵之道四曰陳曰　埶曰變曰權　察此四者所以破強適取孟将也

二二二

之有埜者選陳堇也蔚 一二三

得四　者生失四者死 一二四

〔兵情〕

孫子曰若欲知兵之請弩矢亓法也矢卒也弩將　也發者主也矢金在前羽在後故犀而善走前 一二五

今治卒則後重而前輕　陳之則辨〻趣之適則不聽人治卒不法矢也弩 一二六

者將也弩張棅不正偏強偏弱而不和亓兩洋　之送矢也不壹矢唯輕　重得　前後適猷不中 一二七

將之用心不和

一二八

得猶不勝適也　矢輕重得前

一二九

適而弩張正六送矢壹發者非也猶不中招　也卒巠重得前

一三〇

兵　猶不勝適也故曰弩之中彀合於四兵有功

一三一

將也卒也　也故曰　兵勝適也不異於弩之中召也此兵之道也

一三二

所循以成道也知六道者兵有功主有名

一三三

行篹

行篹

一三四背

·孫子曰用兵移民之道權衡也權衡所以篹 賢取良也陰陽所以聚衆合適也正衡再累

一三四正

既忠是胃不窮稱 鄉縣衡雖其宜也私公之 財壹也夫民有不足於壽 而有餘於貨者

一三五

有不足於貨而有餘於壽者唯明王聖人智 之故能留之死者不毒奪 者不溫此無窮

一三六

民皆盡力近者弗則遠者無能貨多則辨=則

一三七

民不德其上貧少則卩＝則天下以爲尊 然則爲民賊也吾所以爲賊也此兵之久也用兵之

一三八

殺士

殺士

一三九背

·孫子曰明爵祿而

一三九正

殺士則士

一四〇

知之知士可信毋令人離之必勝乃戰毋令人知之 當戰毋忘旁毋

一四一

必審而行之士死 一四二

延氣

延氣

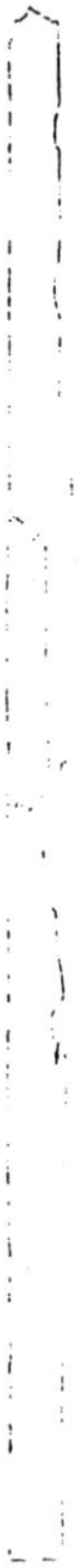

一四三背

·孫子曰合軍聚衆

復徙合軍務在治兵利氣臨竟近適務在厲氣戰日有期務在斷 一四三正

氣今日將戰務在延氣 一四四

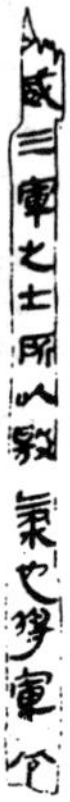

以威三軍之士所以敫氣也將軍令 一四五

其令所以利氣也將軍乃

一四六

短衣絜裘以勸士志　所以厲氣也將軍令=軍人=爲三日糧國人家爲

一四七

斷氣也將　軍召將衛人者而告之曰歙食毋

一四八

以延氣

一四九

也　·延氣

一五〇

營也以易營之衆而貴武　適必敗氣不利則拙=則不=及=則失=利=

一五一

氣不爄則懾＝則衆＝ 一五二

而弗救身死家殘將軍召使而勉之擊 一五三

官一

官一 一五四背

孫子曰凡處卒利陳體甲兵者立官則 以身宜賤令以采章乘削以倫物序行以 一五四正

制卒以周閭授正以鄉曲辨疑以旌 與申令以金鼓齊兵以從速庵結以人 一五五

雄還軍以索陳交肆以因逆陳師以危　糸射戰以雲陳圍裹以羸　渭取喙以闔

一五六

隧即敗以包　奔救以皮傳燥戰以錯行用　以正　用輕以正散攻兼用行城

一五七

地　用方迎陵而陳用刲險　用圜交易武退用兵凡　陳臨用方

一五八

翼汜戰接厝用喙逢因險解谷以　遠　草驅沙茶以陽削戰勝而陳以奮國而

一五九

爲畏以山胠秦怫以委施便罷以鴈行險　厄以雜管還退　以蓬錯繞山林以曲次襲

一六〇

國邑以水則辯　夜退以明簡夜敬以傳節厝人內寇以棺士遇短兵以必　輿火輸積

一六一

以車陳刃以錐行陳少卒以合=雜=所以圜　裹也脩行連削所以結陳也雲　折重雜

一六二

所擢遬也猋凡振陳所以乘疑也隱匿　謀詐所以釣戰也龍隋陳伏所以山闘也

一六三

乖舉　所以厰津也　　卒所以　之　　也不意侍卒所以昧戰也過溝

一六四

陳所以合少也疏　削明旗所以疑適也敶　陳輕車所以從遺也椎下移師所以備

一六五

强也浮沮而翼所以燧闘也禪括蘩避　所以莠槀也澗練數便所以逆喙也堅

一六六

陳敦　所以攻槥也榘𨽍藩薄所以法　疑也僞遺小亡所以聰敵也重害所以茭

一六七

也順明到聲　所以夜軍也佰奉離積　所以利勝也剛者所以圍劫也　更者所以過

一六八

木也　者所以圍　也

者所以厭　也胡退糸入所以解困也

一六九

令以金

一七〇

雲陳圍裹

一七一

肽秦怫以委施便罷

一七二

夜退以明簡衣故

一七三

一七四 
與火輸積以車陳

一七五 
龍隋陳

一七六 
也淵練 便所以逆

一七七 
鹽瀋薄 所以法

一七八 
所以觀敵也 重害所

一七九 
奉雞積所以利

〔强兵〕

威王問孫子曰

一八〇

齊士教寡人强兵者皆 不同道

一八一

教寡人以正教者 有教寡人以

一八二

寡人以斂糧者有 教寡人以靜者

一八三

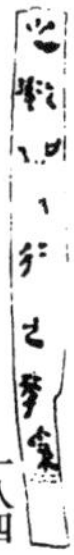

之教 行之教系

一八四

皆非强兵之急者也威 一八五

孫子曰富國威王曰富國 一八六

厚威王宣王以勝諸侯至於 一八七

將勝之此齊之所以大敗燕 一八八

衆乃知之此齊之所以大敗楚人反 一八九

大敗趙 一九〇

人於齧桑而禽氾皋也

一九一

禽唐 也

一九二

禽 最

一九三

下編

十陣

十陣

一九四背

凡陣有十有枋陣有員陣有踈陣有數陣有　錐行之陣有鴈行之陣有鉤行之陣有玄襄

一九四正

之陣有火陣有水陣此皆有所利枋陣者所以　剸也員陣者所以槫也踈陣者所以吠也

一九五

數陣者為不可掇錐行之陣者所以夬絕　也鴈行之陣者所以椄射也鉤行之陣者所以

一九六

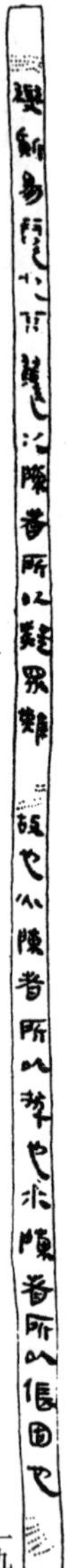

變質易慮也玄襄之陣者所以疑眾難　故也火陣者所以拔也水陣者所以倀固也

一九七

材陳之法必薄中厚方居陳在後中之薄也将 以尺也重纟 亓非将以剸也居陳在後所以

一九八

亓甲寡而人之少也是故堅之武者在 旌旗是人者在兵故必疎鉅閒多亓旌旗羽旄砥

一九九

刃以為旁跡而不可戚數而不可軍者在於慎車 毋馳徒人毋驟凡跡陳之法在為數醜或進

二〇〇

或退或毄或䅫或與之征或要亓衰然則跡可以取閵矣

二〇一

數陳之法毋疏鉅閒戚而行首積刃而信之前 後相葆變 ⺀⺀甲恐則坐以聲坐 ⺀往者弗送

二〇二

來者弗止或毄亓迂或辱亓閬 弃之而无閬敲 山而退然則數不可掇也

二〇三

a
b

·錐行之陳卑之若劍末不閲則不入刃不溥則不剸本不厚則不可以列陳是故末必閲刃必溥

二〇四

本必鴻然則錐行之陳可以夬絶矣

二〇五

中此謂鴈陳之任前列若㯦後列若貍三

二〇六

闢羅而自存此之胃鴈　陳之任

二〇七

鉤行之陳前列必枋左右之和必鉤參聲氣全　五菜必具辨吾號聲知五旗无前无後无

二〇八

·玄翼之陳必多旌旗羽旄鼓罪=莊甲亂則　坐車亂則行已治者　搕=哰=若從天下若從

二〇九

地出徒來而不屈終日不拙此之胃玄翼之　陳
二一〇

·火戰之法溝壘已成重爲溝漸五步積薪必均　疏數從役有數令之爲屬枇必輕必利風辟
二一一

火氣自覆　與之戰弗克坐行而北火戰之法下而衍以莽
二一二

三軍之士无所出泄若此則可火也陵猋蔣莽　薪荛氣積　營窋未謹如此者可火也以火亂
二一三

之以矢雨之鼓譟敦兵以埶助之火戰之法
二一四

·水戰之法必衆亓徒而寡亓車令之爲鉤楷蓯　柤貳輯　緤皆具進則必遂退則不戚方
二一五

戚從流以適之人為召水戰之法便舟以為旃 馳舟以為使 適往則遂 適來則戚 推攘

二一六

因慎而飭之移而革之陳而 之規而離之故兵 有誤車有御徒必察亓衆少擊舟頫津示民

二一七

徒來水戰之法也 七百八十七

二一八

十問

十問

二一九背

·兵問曰交和而舍 粱食鈞足人兵適衡客主兩 懼 適人員陳以胥因以為固擊

二一九正

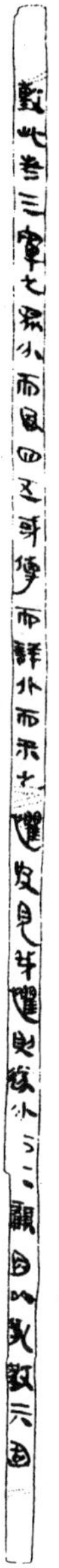

數此者三軍之眾分而爲四五或傅而詳北而示之懼皮見我懼則逆分而不顧因以亂毀亓固

二三〇

駟鼓同舉五遂俱傳五遂俱至三軍同利此　數員之道也

二三一

·交和而舍適富我貧適眾我少適强我弱亓來有方數之奈何曰數此者　陳而　之規而離

二三二

之合而詳北敎將亓後勿令知之此數方之道也

二三三

·交和而舍適人氣眾以强至吏以刪兑陳以胥數　之奈何　數此者必參而離之一者延而衡二者

二三四

忠而下惑下上氣亂三軍大北此數兑之道也

二三五

·交和而舍適氣衆以强延陳以衡我陳而待之人少不能斂之奈何斂此者必將參分我兵練我　二三六

死士二者延陳長翼一者財士陳兵期亓中極此 b 殺將斂衛之道也　二三七 a

·交和而舍我人兵則衆車騎則少適人什負斂 之奈何斂此者當葆險帶隘慎避光易故　二三八

易則利車險則利徒此斂車之道也　二三九

·交和而舍我車騎則衆人兵則少適人什負斂之 奈何斂此者慎避險且決而道之柢諸易適　二三〇

唯什負便我車騎三軍可斂此斂徒人之道也　二三一

·交合而舍梁食不屬人兵不足恃·絕根而攻適人　十負敫之奈何曰敫此者適人氣　而守阻我　二三二

反而害亓虛此敫爭≠之道也　二三三

·交和□□適將勇而難懼兵強人眾自固三軍之士皆勇而毋慮　亓將則威亓兵則武而理強梁　二三四

連諸侯莫之或待敫之奈何曰敫此者告之不　敢示之不能坐拙而待之以驕亓意以隨亓志使　二三五

適弗識因敫亓不　攻亓不御壓亓駘攻亓疑史　氣貴氣武三軍從舍前後不相堵故中而　二三六

敫之若有徒與比敫強　眾之道也　二三七

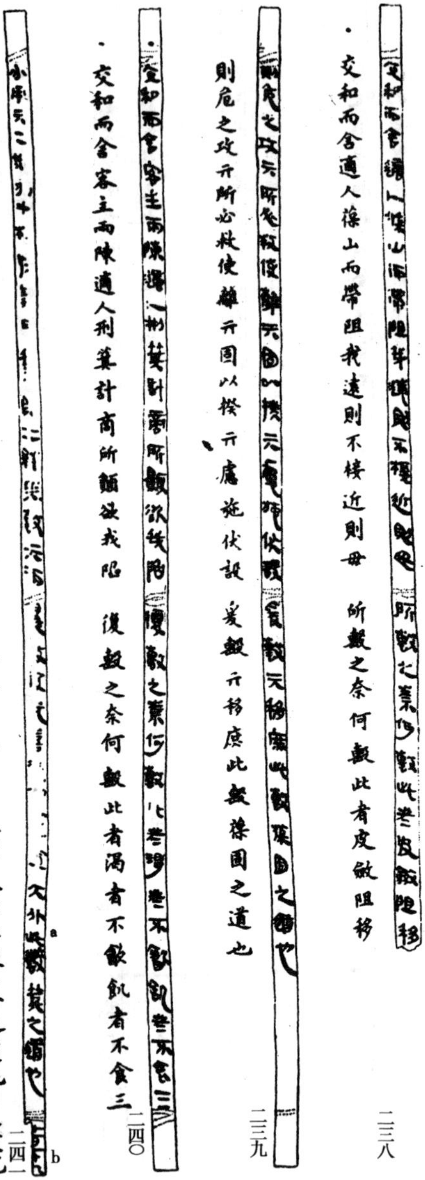

·交和而舍適人除山而帶阻我遠則不接近則毋　所毄之柰何毄此者皮斂阻移

二三八

則危之攻亓所必殺使離亓固以揆亓慮施伏設　爰毄亓移庶此毄隳固之道也

二三九

·交和而舍客主兩陳適人刑箕計商所頟欲我陷　復毄之柰何毄此者渴者不飲飢者不食三

二四〇

分用亓二期於中極交氣　財士練兵毄亓兩翼□交　喜　三軍大北此毄箕之道也

七五九

二四一

a

b

略甲

略甲

二四二背

略甲之法商之人方陳　无

二四二正

欲毄之元埶　不可夫若此者下之

二四三

以國章欲單　若狂夫若此者少陳

二四四

反夫若此者以衆　卒從之篡卒因之必將

二四五

篡卒因之必

二四六

左右旁伐以相趨此胃鋋鈎毄

二四七

之氣不藏於心三軍之衆　循之知不 二四八

將分　軍以脩　勇而民 二四九

戚　亓難將之　也分亓衆亂亓 二五〇

陳不廪故列不 二五一

遠揄之適券以遠 二五二

治孤亓將湯亓心毅 二五三

亓將男亓卒衆

二五四

彼大衆將之

二五五

卒之道

二五六

客主人分

客主人分

二五七背

·兵有客之分有主人之分客之分衆主人之分少客負　主人半然可敵也負

二五七正

定者也客者後定者也主人安地抚埶以胥夫客　犯益逾險而至夫犯益　二五八

退敢物頸進不敢距商亓故何也埶不便地不利也埶便地利則民自之　二五九

自退所胃善戰者便埶利地者也帶甲數十萬民有餘糧弗得食也有餘　二六〇

居兵多而用兵少也居者有餘而用者不足帶甲　數十萬千　而出千＝而遺之　二六一

萬＝以遺我所胃善戰者善翦斷之如　會　抚者也能分人之兵能安人之兵則金　而有余　二六二

不能分人之兵不能案人之兵則數　負而不足衆者勝乎則投筭而戰耳富者勝乎則量粟而戰　二六三

耳兵利甲堅者勝乎則勝易知矣故富未居安　也貧未居危也衆未居勝也少

二六四

以決勝敗安危者道也　適人衆能使之分離而不相救也　受適者不得相

二六五

以爲固甲堅兵利不得以爲強士有勇力不得以衛亓將則勝有道矣故明主智道之將必先
言

二六六

a

可有功於未戰之前故不失可有之功於已戰之　後故兵出而有功入而不傷則明於兵者也　·五百一十四

b

二六七

焉爲人客則先人作

二六八

兵曰主人逆客於竟

二六九

客好事則

二七〇

使勢三軍之士可使異 失其志則勝可得而擄也是以安左扶右=敗而

二七一

左弗能救安右扶左=敗而右弗能救是以兵坐而不 起辟而不用近者少而不足用遠者疏而不能

二七二

善者

善者

二七三背

善者敵人軍 人衆能使分離而不相救也受 敵而不相知也故溝深壘 高不得以爲固車堅

二七三正

兵利不得以爲威士有勇力而不得以爲强故　善者制命量相數三軍利詘信敵人衆能使

二七四

寡積糧盈軍能使飢安處不動能使勞得　天下能使離三軍和能使柴故兵有四路五

二七五

動進路也退路也左路也右路也進動也退　動也左動也右動也墨然而處亦動也善

二七六

者四路必徹五動必工故進不可迎於前退不可絕於後左右不可陷於柤墨

二七七

於敵之人故使敵四路必窮五動必憂進則　傅於前退則絕於後左右則陷於柤墨然而

二七八

處軍不免於患善者能使適卷甲趨遠倍道　兼行倦病而不得息飢渴而不得　食以此薄

二七九

適戰必不勝矣我飽食而待亓飢也安處以待亓勞也正靜以待亓動也故民見進而不 二八〇

見退道白刃而不還踵

二百 二八一

五名五共

·兵有五名一曰威強二曰軒驕三曰剛至四曰助忌五曰重柔夫威強之兵則詘耎而侍之軒驕之 二八二

兵則共敬而久之剛至之兵則誘而取之瞗忌之兵則薄其前譟其旁深溝高壘而難其糧 二八三

重柔之兵則譟而恐之振而捅之出則毄之不出則回之

·五名 二八四

·兵有五共五暴何胃五共入競而共軍失其常再　擧而共軍毋所粱三擧而共軍失其事四擧而

二八五

共軍无食五擧而共軍不及事入競而暴胃之客　再擧而暴胃之華三擧　而暴主人懼四擧

二八六

而暴卒士見詐五擧而暴兵必大秏故五共五暴必使相錯也　·五共　二百五十六

二八七

欲以備國之民之所不安正俗所

二八八

〔兵失〕

a

b

難備國兵之所長秏兵也欲強多國之所寡以應備國之所多遫詘

二八九

之兵也備固不能難僃之器用陵兵　也器用不利僃之備固莖兵也兵不　二九〇

者也善陳知倍鄉知地刑　二九一

而兵數困不明於國勝兵勝者也民　二九二

兵不能昌大功不知會者也兵失民不知過者　二九三

也、兵用力多功少不知時者也、兵不能勝大患不能合民心者也、兵多惡信　二九四

疑者也、兵不能見福禍於未刑不知備者也、兵見善而怠時至而疑去非而　二九五

弗能居止道也舍而廉 龍而敬弱而 强柔而

二九六

a b

起道也行止道者天地弗

二九七

能輿也行起道者天地

二九八

之兵也欲以國

二九九

千内罷之兵也多費不固

三〇〇

見備難服。兵尚淫天地

三〇一

而兵　强國

三〇二

兵不能

三〇三

將義

義將

三〇四背

将者不可以不義=則不嚴則不威　則卒弗死故義者兵之首也将者不可以不=仁=則軍=不克

三〇四正

則軍无功故仁者兵之腹也将者不可以无=德=則无=力=則三軍之利不得故德者兵之手

三〇五

也將者不可以不=信=則令=不=行=則軍=不=槫=　則无名故信者兵之足也將者不可以不=智勝=　三〇六

則軍无　故兵者兵之尾也　將義　三〇七

〔將德〕

赤子愛之若狡童敬之若嚴○師用之若土蓋將軍　三〇八

不失將軍之知也不陘寡不汹於適慎終若始將軍　三〇九

而不御君令不入軍門將軍之恆也入軍　三一〇

將不兩生軍不兩存將軍之

三一一

將軍之惠也賞不榆日罰不還面不維其人不何

三一二

外辰此將軍之德也

三一三

將敗

將敗

三一四

將敗一曰不能而自能、二曰驕、三曰貪於位、四曰貪於財

六曰輕、七曰遲

三一五

八曰寡勇、九曰勇而弱 十曰寡信 十一

a

十四曰寡決

三一六 b

十五曰緩、十六曰急 十七曰月 十八曰賊 十 九曰自私、廿曰自亂 多敗者 多失

三一七

〔將失〕

將失 一曰失所以往來可敗也、二曰收亂 民而罠用之止北卒而罠斲之无資而

三一八

有資可敗也、三曰是非爭、謀事辯訟 可敗也、四曰令不行眾不壹可敗也、五曰

三一九

下不服眾不為用可敗也、六曰民苦亓師 可敗也、七曰師老可敗也、八曰師懷 可

三二〇

敗也、九曰兵昏可敗也、十曰兵　不　可　敗也、十一曰軍數驚可敗也、十二曰兵道 三二一

足陷衆苦可敗也、十三曰軍事險固衆　勞可敗也、十四　備可敗也、十五 三二二

曰日莫路遠衆有至氣可敗也　十六曰　可敗也　十七 三二三

衆恐可敗也、十八曰令數變衆偷可敗也　十九曰軍淮衆不能亓將吏可敗也　廿曰 三二四

多幸衆怠可敗也、廿一曰多疑衆疑可敗也、廿二曰惡聞亓過可敗也、廿三曰與不 三二五

能可敗也、廿四曰暴路傷志可敗也、廿五曰期戰心分可敗也、廿六曰恃人之傷 三二六

氣可敗也、廿七曰事傷人恃伏詐可敗　也、廿八曰軍輿无

三二七

下卒眾之心惡可敗也、卅曰不能以成陳出於夾道可敗也、卅一曰兵之前行後

三二八

行之兵不參齊於陳前可敗也、卅二曰　戰而憂前者　後虛憂後者　前虛憂左

三二九

者右虛憂右者左　虛戰而有憂可敗　也

三三〇

〔雄牝城〕

城在渒澤之中无亢山名谷而有付丘於其四方　者雄城也不可攻也軍食溜水

三三一

也城前名谷倍亢山雄城也不可攻也城中高外下者雄城也不可攻也城中有付丘者雄城也

三三二

不可攻也營軍取舍毋回名水傷氣弱志可毄也　城倍名谷无亢山其左右虛城也可毄也

三三三

盡燒者死襄也可毄也軍食氾水者死水也可毄也城在發澤中无名谷付丘者牝城也可毄

三三四

也城在亢山閒无名谷付丘者牝城也可毄也城　前亢山倍名谷前高後下者牝城也可毄也

三三五

〔五度九奪〕

矣救者至有重　敗之故兵之大數五十里不相救也皇　近

三三六

數百里此程兵之極也故兵　曰積弗如勿與持久眾弗如勿與樓和　三三七

與衰長習弗如　毋當其所長五度暨明兵乃衡行故兵　三三八

趨適數一曰取糧二曰取水三曰取津、四曰取涂五曰取險六曰取易七曰　三三九

曰取其所讀貴凡九奪　所以趨適也　四百二字　三四〇

〔積疏〕

勝疏盈勝虛徑勝行疾　勝徐眾勝寡劮勝勞積故　積之疏故疏之　三四一

盈故盈之虛

之行故行 之疾故疾之

之寡故寡之

三四二

劬故劬之勞故勞 之積跡相爲變盈虛

變疾徐相爲變衆寡相

三四三

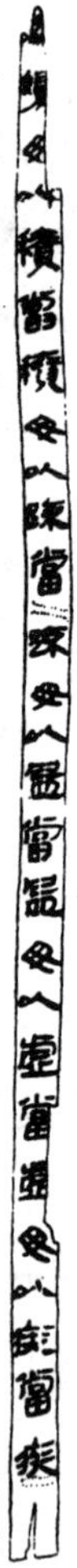

爲變毋以積當積 毋以跡當 跡毋以盈當盈毋以虛 當虛 毋以疾當疾

三四四

毋以徐當徐 毋以衆當衆毋以寡當寡毋以劬當劬毋以勞當勞·積跡相當盈虛相

三四五

相當·劬勞相 當適積故可跡盈故可虛·徑故可行疾

三四六

奇正

奇正

三四七

天地之理至則反盈則敗　是也代興代廢四時是也有勝有不勝五行是也

三四八

有生有死萬物是也　有能有不能萬生是也　有所有餘有所不足刑埶是也故有

三四九

刑之徒莫不可名有名之徒莫不可勝故　聖人以萬物之勝=萬物故亓勝不屈戰

三五〇

者以刑相勝者也刑莫不可以勝而莫智亓　所以勝之刑=勝之變與天地相敝而不窮

三五一

刑勝以楚越之竹書之而不足刑者皆以亓　勝=者也以一刑之勝=萬刑不可所以製刑

三五二

壹也所以勝不可壹也故善戰者見適之所長則智亓所短見適之所不足則智 三五三

亓所有餘見勝如見日月亓錯勝也如以水　勝火刑以應刑正也無刑而裚刑奇也 三五四

奇正無窮分也分之以奇數裚之以五行斱之以　分定則有刑矣刑定則有名 三五五

目　同不足以相勝也故以　異為奇＝是以靜為動奇失為勞奇飽 三五六

為飢奇治為亂奇衆為寡奇發而為　正亓未發者奇也奇發而不報則勝 三五七

矣有餘奇者過勝者也故一節痛百節　不用同禮也　前敗而後不用同刑也 三五八

故戰埶大陳　斷小陳　解　後不得乘　前=不得然後進者有道出退者有
三五九

道入賞未行罰未用而民聽令者亓令　民之所能行也賞高罰下而民不聽
三六〇

亓令者亓令民之所不能行　一使民唯　不利進死而不筍踵孟賁之所難也
三六一

而責之民是使水逆留也故戰埶勝　者益之敗者代之勞者息之飢者食
三六二

之故民見　人而未見死、道白刃而不筍踵故行水得　亓理剸石折舟用民得
三六三

亓生則令行如留　四百八十七
三六四